KB079989

왕초보 **부동산 중개** 그냥 따라하기

왕초보
부동산 중개
그냥 따라하기

1판 1쇄 발행 2020년 10월 1일

지은이 김철수 / **펴낸이** 배충현 / **펴낸곳** 갈라북스 / **출판등록** 2011년 9월 19일(제2015-000098호) / 경기도 고양시 덕양구 중앙로 542, 707호(행신동) / **전화** (031)970-9102 **팩스** (031)970-9103 / **홈페이지** www.galabooks.net / **페이스북** www.facebook.com/bookgala / **전자우편** galabooks@naver.com / ISBN 979-11-86518-43-4 (03320)

「이 도서의 국립중앙도서관 출판예정도서목록(CIP)은 서지정보유통지원시스템 홈페이지(http://seoji.nl.go.kr)와 국가자료종합목록 구축시스템(http://kolis-net.nl.go.kr)에서 이용하실 수 있습니다. (CIP제어번호 : CIP2020036685)」

왕초보 부동산 중개 그냥 따라하기

"당신만의 성공신화를 만들 수 있다."

책 서문을 다시 쓰게 되었다. 이 책의 내용을 쓰기 전에 어떻게 쓰는 것이 좋을까 생각하면서 쓴 서문의 내용이 막상 책을 마무리 하는 단계에서 다시 들여다보니 영 마음에 들지 않았다.

'내가 누구를 대상으로 어떤 목적을 가지고 무슨 내용으로 써야 하나?'라는 기초적인 물음에 충실히 해야겠다고 마음을 고쳐 잡았다.

"부동산 중개사무실 창업이 두렵고 망설여집니까?"

"어디서 어떻게 부동산을 열어서 운영하면 좋겠습니까?"

"어떻게 하면 단기간에 안정적인 수익을 유지하는 부동산 중개업소를 만들 수 있습니까?"

계속해서 자주 이런 질문들을 받을 때 마다 나는 나의 경험을 생각나는 대로 얘기했지만 좀 더 절제된 내용으로 정돈되어야 한다는 생각이 문득 들었다. 말하는 입장에서는 자신의 경험을 쉽게 얘기하는 것이지만, 듣는 상대방 입장에서는 인생이 걸린 중대한 문제가 될 수도 있기 때문이다.

사실 나도 부동산 중개업을 시작하면서 책을 쓰겠다는 목표를 세운 적은 없었다. 우연한 계기로 부동산 사무실을 운영하면서 자연스럽게 잘되는 방법을 연구하고 실천하면서 얻은 일종의 운영 노하우를 터득하게 된 것이다. 좋은 경험과 지식을 혼자 품고 있기보다는 누군가와 공유하면서 즐거움을 느낄 수 있다면 그 자체가 행복한 일 아니겠는가?

몇 번의 시행착오를 통해 부동산 중개 사무실 운영에 관해 나만의 방법을 알게 되었다. 혼자서 아무리 계획을 잘 세운다 하더라도 계획한 대로 사무실이 잘 돌아가지 못한다는 사실도 깨달았고, 모범적으로 '누군가의 경험과 조언이 있었다면 좋았을 것인데…'라는 아쉬움이 있어 이 책을 쓰게 된 이유이다.

그리 길지 않은 시간이 지났지만 나는 그 누구를 만나도 자신 있게 말할 수 있다. 지금 이 순간 중개업을 시작해서 성공하고 싶지만 주저하고 망설이는 수많은 중개사들에게 나는 오래 전부터 계속해서 들었던 질문에 대답하려고 한다.

"부동산 중개업, 당신도 잘 할 수 있습니다. 내가 얘기하는 대로 따라 하시면 됩니다!"

주변을 조금만 둘러보면 무수히 많은 부동산 사무실 간판이 눈에 들어온다. 실제로 부동산 사무실을 운영하고 있는 현업 중개사들에게 "요즘 어때요?"라고 물으면 아마 대부분의 대답은 "너무 어려워요. 예전 같지 않아 갈수록 힘들어요. 사무실 임대료도 내기 어려워요"라고 죽는다는 소리 뿐이다. 하지만 내 생각은 좀 다르다. 먼저 시작한 남들에게 상황이 어려울수록 오히려 새로 시작하는 사람에게는 더 많은 기회의 공간이 열린다고 생각한다.

자격증만 보유한다고 소득이 보장되는 시대는 이미 오래전에 지났다. 한때 잘나가던 변호사 · 법무사 · 회계사 · 세무사 등 소위 전통적 전문직도 벌써 무한경쟁의 시대에서 치열하게 살고 있는 현실을 직시하면 새삼스레 깨달을 수 있을 것이다.

일반적인 경제상황이 어렵고 중개업 시장에서의 경쟁이 치열해지고 업무환경이 악화되고 있더라도 이는 어디까지 현업에 종사하는 사람들의 얘기일 뿐 아직도 시장 밖에서 지켜보는 관중의 입장에서는 걱정할 얘기는 아닌 것 같다.

시장에 뛰어들어 성공적인 내 스토리를 만들어야 한다. 시장 밖에서의 상황분석은 지금까지로 충분하다. 이제는 결정을 내리고 실천을 해야 한다.

'어디서? 무엇을? 어떻게 시작할 것인가?'

이러한 당신의 궁금증에 대해 그 어떤 책에서도 볼 수 없는 리얼하고 영양가 많은 나의 얘기를 참고하고 따라한다면 분명 당신은 성공한 부동산 CEO이자 전문가로 대우 받을 것이다.

내가 생각하는 부동산 중개업에 대한 전망은 한 마디로 지금보다 더 밝다고 본다. 우선 시장성이 매우 넓다. 발전 가능성도 무궁하다. 그래서 만사에 세상을 부정적으로 보는 사람들의 쓸데없는 얘기에 귀 기울이지 말고 당신만의 부동산 중개업 성공신화를 만드는 일에만 집중해야 한다.

나는 부동산 중개업을 국민 자영업의 대표업종으로 생각한다. 우리나라 국민들의 DNA에 녹아있는 부동산에 관한 높은 관심도는 중개시장의 시장성을 담보하고 있고 국가에 의한 공인중개사 관리시스템은 중개업종의 중요성을 의미한다고 생각한다.

나는 이 책의 주된 독자를 현재 개업을 고민 중인 초보중개사를 염두하고 책을 썼지만 이미 현업에 종사하고 있는 개업공인중개사에도 많은 도움이 될 것으로 확신한다. 흔히 부동산 중개업을 조금만 배우면 다 할 수 있다고 생각하지만 사기가 알고 있는 것이 전부는 아니며 고객은 항상 새로운 것을 요구한다는 사실을 잊어버려서는 안 되기 때문이다.

무엇이든 처음에는 두렵다. 처음부터 초보자가 아닌 사람도 없다. 지금은 유능하고 성공한 부동산 사장님들도 처음에는 다 두려웠고 아마 여러 번 실패도 해 보았을 것이 틀림없다.

두려움을 이기는 가장 좋은 방법은 짧은 시간 동안 깊고 압축적인 고민을 하고 난 다음에는 바로 과감하게 결단하고 실천하는 것이다.

나는 부동산 중개업 성패의 핵심 요소 두 가지의 비중을 '人三事七'로 표현하면서 사무실 위치의 비중을 70%로 보고 운영주체인 사람의 비중을 30%로 생각한다. 그런데 사무실 위치가 0점인 장소는 없다. 아무리 좋지 않은 위치라도 30점은 된다. 현재 대부분의 부동산의 위치는 50점은 될 것이다. 하지만 운영주체인 사람의 능력은 −30점 ~ 30점까지로 −가 있을 수 있다. 사무실 위치가 70점으로 만점이라고 하더라도 운영주체가 -30점이면 좋은 위치가 무슨 의미가 있겠는가?

이 책의 이야기는 내가 직접 겪었던 실화를 기본으로 하고 썼다. 독자들에게 용기와 희망을 주기 위해 대부분 성공적인 결말 위주의 경험담을 기술하고 있다. 난관을 극복한 이야기, 이렇게 하면 좋다는 얘기 등 언뜻 자기중심적이고 과시로 보일 수 있는 에피소드가 다수 들어가 있다. 실화를 바탕으로 한 이야기라서 사람 이름이나 건물단지명 등 고유명사처럼 예민한 부분은 피했다. 혹시라도 독자에 따라서 불편한 부분이 있다면 먼저 양해를 구하고자 한다.

인생에는 좋은 일보다 그렇지 못한 일이 더 많다. 하지만 전체적으로 즐거움이 더 크다면 행복하다고 할 수 있을 것이다. 내가 생각하는 즐거운 일에는 다른 사람에게 쓸모 있는 사람이 되는 것도 포함되어 있다. 누군가 이 책을 읽은 계기로 부동산중개업으로 성공적인 삶을 살았다는 소식이 들린다면 정말 기쁠 것 같다.

_ 문정동 사무실에서 어느날 늦은 저녁에

왕초보 부동산 중개 그냥 따라하기

전문가의
동행

공인중개사가 매력적인 이유 중 하나는 전국의 모든 부동산을 취급할 수 있다는 것이다. 굳이 멀리 떨어져 있는 지역의 매물이라도 처음부터 현장을 직접 찾아갈 필요도 없다. 공동중개의 형태로 얼마든지 거래를 성사시킬 수 있기 때문이다. 손님고객만 잘 관리한다면 전혀 어려움이 없다. 하지만 실제로는 운영하는 부동산 사무실 인근 지역의 매물에 대해서만 취급할 뿐 주 활동 지역을 벗어난 매물에 대해서는 거래 성사가 쉽지 않다. 그래서 현재의 매출 실적이 나쁘고 장기적으로도 회복될 기미가 보이지 않는 특수한 상황이 아니라면 굳이 내 지역을 벗어나서 영업활동을 할 필요는 없다. 그러나 경쟁이 더욱 치열해지는 중개업 시장 상황 속에서 미래를 대비하기 위해서도 나의 영업범위를 미리 넓혀 놓을 수 있는 계기가 생긴다면 이런 기회는 살릴 가치가 있다.

구체적인 방법은 이렇다. 우연하게, 타 지역 매물에 대한 상담이나 의뢰를 접할 경우는 종종 생긴다. 이럴 때는 별도의 장부를 만들어 상담 및 매물장부를 정리해 둘 것을 권장한다. 그런 다음에는 해당지역의 매물에 대해 나만의 관점에서 최대한 매물정보와 시장분석을 통해 내용을 정리해 둘 필요가 있다. 이런 과정들이 거래성사라는 성과로 바로 귀결되지 않더라도 중개업을 하는 사람에게는 큰 의미를 남겨준다. 바쁜 일상에서 평소에는 접할 수 없는 매물에 대해 이런 기회를 계기로 깊은 이해와 해당 지역에 대한 시장분석을 간략하게 할 수 있기 때문이다. 이런 과정이 반복되고 정보가 축적되면서 당신은 어느 순간 부동산 전문가로 변신하게 된다. 그리고 거래성사라는 열매도 수확하게 될 것이다.

내가 생각하는 부동산 전문가는 깊이 있는 지식과 난해한 경제이론을 섭렵한 사람이 아니다. 현장 경험을 바탕으로 부동산에 관해서 폭넓은 이해를 갖추는 것이 더 중요하다. 부동산에 관한 이해는 지역에 대한 분석과 매물에 대해 이해하기 쉽게 정리된 설명과 가치 있는 정보를 제공할 수 있어야 하며 설득력을 지닌 자신만의 견해와 주장을 펼칠 수 있어야 한다.

좋은 습관 만들기

고객이 뜸해 여유가 생기는 상황에서는 부동산 관련 각종 뉴스를 찾아보는 습관을 기르는 것이 좋다. 부동산은 정부의 정책방향에 따라 아주 민감하게 반응하는 속성을 가지고 있어 법령도 수시로 개정되고 금융환경도 자주 변화한다. 이런 변화된 환경을 무시한 채 기존의 지식만을 고집한다면 나중에 문제발생 시에 수습하는 데 마음고생을 할 수 있다.

부동산 관련 제도와 법령의 개정내용은 한국공인중개사협회 사이트를 활용하는 것이 가장 좋다. 또한 관할 구청의 각종 안내문을 통해서도 생생한 정보를 얻을 수 있다. 어렵지 않게 정보획득이 가능함에도 무관심이라는 나쁜 습관이 생기면 백약이 무효다. 나는 특히 문건형태로 수신하는 정보는 꼭 두세 차례 읽어본다. 시간이 없을 때는 제목만 우선 보고 책상 옆에 둔다. 그리고 좀 한가할 때 꼼꼼히 다시 읽어본다. 중요하다고 생각는 내용은 발췌해서 부동산 정보 파일에 넣어둔다. 그냥 구겨 넣는 것이 아니라 펼치면 내용이 한꺼번에 보일 수 있도록 앞뒤로 보이게 스크랩을 해 둔다. 가끔 한 번씩 펼쳐서 읽어보는데, 아주 효과적으로 내용이 자연스럽게 숙지되었다.

협회 얘기가 나왔으니, 잠깐 협회가입에 대해 나의 생각을 얘기할까 한다. 일부의 부동산 사장님의 경우 협회에 회원가입을 꺼려하는 경우가 종종 있다. 자격증을 따고 개업을 하기 위해서는 협회 등에 필수적으로 실무교육을 이수해야 한다. 그리고 협회로 부터 평생회원 가입을 권유받게 된다. 회비는 50만 원으로 처음에는 좀 비싸다는 느낌이 들수 있다. '사무실 오픈을 준비하려면 많은 비용이 드는데 꼭 안내도 되는 비용이라면 일단 패스!' 누구나 한번쯤은 고민하는 내용이다. 평생회비로 50만 원은 그렇게 큰돈은 아닐 수 있다. 그런데 많은 사람들이 비싸다고 생각하면서 납부를 주저하는 이유는 상응하는 '나의 이익'과 관련성이 적다고 생각하기 때문이다. 그래서 협회에 가입을 꺼려하는 사람들의 경우에는 '협회는 하는 일도 없으면서 왜 고액의 가입비를 내야 해! 안 내고 회원 안 해도 돼!' 라고 반응하는 경향을 보인다.

회원의 가입여부는 자유다. 실제로도 비회원으로 사무실을 잘 운영하고 있는 사장님도 있다. 나도 처음에 비슷한 고민을 잠깐 해 본 적이 있어 협회가입에 부정적인 사람들의 생각을 충분히 이해할 수 있다. 그러나 이런 생각은 전혀 잘못되었다는 것을 곧 깨달았다. 보험가입을 생각해 보자. 지금 당장 여유자금이 없음에도 많은 사람들이 보험을 가입한다. 여러 이유가 있겠지만 궁극적인 이유는 미래에 있을 위험에 대비하기 위한 목적이다. 협회 회원가입의 목적도 다르지 않다.

협회 회원의 혜택

부동산을 운영 하다 보면 관할 구청의 지도단속이 잦다는 것을 자연스럽게 경험하게 된다. 보통은 중개업소 지도단속을 할 경우에 구청 관할 내 협회의 지회와 합동으로 단속업무를 할 경우가 많다. 특정한 민원을 받은 지도단속이 아닌, 정례적인 일반 지도 단속업무는 100% 합동으로 실시한다. 협회 지회는 관내 소재 부동산 중개업소 전체 회원명부가 있다. 당연히 누가 비회원인지도 잘 파악하고 있다. 통상적인 지도 단속의 경우에는 전체를 대상으로 할 수가 없다. 단속대상의 샘플이 필요하다. 회원들의 이익을 대변하는 협회의 지회가 회원을 샘플로 선택할 경우와 비회원을 샘플로 선택할 경우의 확률을 생각해 보면 이해가 쉬울 것이다.

단속권을 가진 관할구청이 단속행정을 시작하면 최소한 빈손으로는 절대 돌아가지 않는다. 잘못된 행위를 협회 회원이니 무마해줄 수 있다는 의미가 아니다. 공인중개사 관련 법령 내용을 보면 대부분이 공인중개사의 행위를 규제하는 방식으로 규정되어 있거나 주로 '해야 한다'라는 식으로 강제하고 있다. 이러한 상황을 생각한다면, 협회 회원에 가입하지 않아 우선적 단속대상 리스트에서 빠질 확률을 높이는 기회를 스스로 차버리는 아둔한 선택은 재고할 필요가 있다고 본다.

협회 회비는 평생회원 가입비로 시쳇말로 죽을 때까지 유효하다. 그리고 모두에 얘기한 대로 협회에서 제공하는 정보와 컨텐츠는 초보 중개사에게는 놓쳐서는 안 되는 보물이다. '협회가 해주는 것이 없다'는 생각을 버리고 회원으로서 혜택을 누릴 생각을 하는 것이 훨씬 생산적이다.

다시 돌아가서, 부동산 전문가가 되는 노력으로 많은 사람들이 유명강사의 특강을 찾아다니면서 듣는 사례가 있다. 배움은 끝이 없고 사람은 끝까지 배워야 한다. 그러나 유명강사의 특강을 많이 듣는다고 해서 '다다익선'은 아니라는 얘기를 하고 싶다. 투자된 시간 및 비용과 특강을 통한 효과를 비교형

량해야 한다. 유명강사의 특강효과로서 경계를 해야 하는 지점은 본인 자신의 경험이 아닌 타인의 경험 얘기라는 점을 간과해서는 안 될 것이다. 나는 자신의 경험을 바탕으로 한 자신만의 스토리를 만드는 것이 중요하다고 생각한다. 유명강사의 특강 정보를 접할 때마다 나는 한 가지 궁금증이 생겼는데 '이분들이 과연 중개업 실무를 해 보셨는가?'였다. 중개 실무현장에서 본인이 실제로 개업 공인중개사로서 활동을 하지 않았다면 이론만 전문 강사이거나 중개업을 산업으로 생각하는 일반사업가일 거라는 생각이 들었기 때문이다. 공인중개사 자격증을 취득하고 창업을 준비하고 있는 사람들과는 '고민의 영역과 추구하는 가치관'에서 분명한 차이가 있다. 나만의 스토리를 만드는 방법은 쉽다. 관련하여 나의 사례를 소개해본다.

나만의 스토리를 만들어라

오피스텔 두 채를 분양받아 전매하고자 하는 경기도 양평에 거주하고 있는 노부부가 사무실을 방문했다. 한 채는 내가 전매해 드린 고객으로서 어느 정도 소통이 되었던 분이었다.

"사장님은 오피스텔만 하세요?" "아닙니다."

나는 이런 유사한 질문을 하는 고객들에게 처음부터 단호하게 대답한다.

"저는 토지에 관심이 많아 평소에도 토지에 관한 공부를 열심히 하고 있습니다."

"그래요? 잘 되었네요. 제 땅 좀 팔아주세요!"

노부부는 고향이 양평이지만 젊었을 때는 서울에서 남편분은 대학교 교직원으로서 정년퇴직하셨고 아내분은 학교 선생님으로 은퇴 후 양평으로 귀촌하였는데, 나이가 들면서 보유하고 있는 부동산을 처분하고 싶다고 했다.

"그러세요? 그러시면 보유하고 계신 토지의 목록과 지번을 주시면 제가 먼저 검토해보겠습니다"라고 대답을 했다.

토지는 아파트와 달리 거래사례 자료가 많지도 않고 확보가 용이하지도 않다. 설사 해당 토지 주변에 거래사례가 있다고 하더라도 해당토지와 비교도 어렵다. 더구나 토지취득 과정은 젊을 때 누군가의 권유를 받아서 '지금 사두면 투자가치가 높다'는 일방적인 애기만 듣고 구입해 둔 경우가 많아서 오랜 세월이 지난 시점에 토지를 팔려고 해도 현재 토지시장에서의 시장가격과는 큰 괴리가 있어 매도인의 구체적인 거래조건 확정 자체가 우선 쉽지가 않다. 그래서 먼저 토지와 관련한 공적

장부들을 통해 1차적 내용정리가 필요했다.

며칠 후 남편분이 찾아와서 두툼한 지도가 그려진 서류들을 내 앞에 펼쳤다. 소유하고 있는 토지목록을 아주 자세하게 기록한 일종의 토지보유 상황판이었다. 구매일자 · 지번 · 면적 그리고 비고란에 상세한 지분관계 등을 적어놓았다. 역시 대학교 교직원 출신다운 꼼꼼한 성격을 엿볼 수 있었다.

놓고 간 서류들을 보다가 서울지역에 소재한 토지가 눈에 들어왔다. 구로구 항동에 있는 토지였다. 토지이용규제시스템에 들어가서 지번을 넣고 내용을 확인하였다. 지목은 임야였다. 그 다음 로드뷰로 현장위치를 확인하였다. 경사도가 조금 있는 임야임을 확인할 수 있었다. 남편분이 놓고 간 서류의 비고란을 다시 보니 세 명의 지분으로 소유관계가 형성되어 있었다. 매도인의 구체적인 희망가격을 아직 통보받지는 못했지만 만약 매도 희망가가 아주 낮다면 토지매수에 관심 있는 고객을 찾을 수도 있을 것 같은 느낌이 들었다. 왜냐하면, 당시 구로구 항동 지역을 개발한다는 언론보도가 막 나오는 시기여서 흥미롭게 자료를 더 들여다 보았다.

아직 매도인과 구체적인 매매가격에 대해서는 듣지도 묻지도 않은 상태에서 "선생님, 그런데 공동소유자 두 분의 생각은 어떠한가요?"라고 물었다.

"아내가 선생 할 때 같이 구입한 동료인데 요즈음은 연락이 잘 안 되서 잘 모르겠다"라는 대답이 돌아왔다.

'그렇다면 지분매수로 가야하는데….' 좀 고민스러웠다. 한번 더 상황 정리가 필요했다. '토지매수 후 개발가능성은 차치하더라도 소유 단계부터 모르는 사람들과의 공동소유를 일반인들은 어떻게 생각할까?' '내가 매수인라면 어떨까?' 생각해 보았다. 나의 생각이 정리되자 남편분께 전화를 드렸다.

"선생님 항동 토지는 지금은 제가 매매를 진행하기가 어려울 것 같습니다."

정리한 나의 생각을 설명드렸다. 다른 고객에게 소개할 만한 확신이 들지 않았기 때문이다. 즉 상품성이 높지 않다는 의미였다.

내가 망설이는 것을 느꼈는지 아내분이 "이 토지는 지역에 있는 여러 부동산에서 어떻게 알았는지 여러 차례 팔라고 연락도 했어요. 사장님!"이라고 끼어들었다.

나는 정말 진심을 담아 노부부의 아들이 된 심정으로 나의 생각을 전달했다.

"사모님! 현재 가지고 계신 토지는 쉽게 거래가 될 것 같지

가 않습니다. 말씀하신 대로 해당 지역의 부동산에서 연락이
와서 팔라고 한다면 적극적으로 진행하는 것이 최선일 것 같
습니다."

내가 너무 오버를 했나 싶기도 했지만, 이 노부부와는 지금
까지도 좋은 관계가 이어지고 있다.

● **P o i n t**

- 부동산 관련 뉴스 읽기를 습관화해라.
- 타 지역 매물은 별도 장부로 관리해라.
- 한국공인중개사협회 사이트에서 제공하는 정보를 적극 활용해라.

1-2

포스트 자격증

지금 독자들의 대부분이 공인중개사 자격증을 따기 위해 학원을 다니고, 인터넷 강의를 듣기 위해 도서관에서, 심지어 직장에서 상사의 눈치를 보면서 어렵게 시험에 합격하였을 것이다. 합격소식에 한 동안은 흐뭇한 시간을 보냈겠지만 이제부터는 또 다른 새로운 고난의 여정이 시작됐다.

빵빵한 직장이라 모두가 부러워하는 공무원 친구에게서 전화가 왔다. 그것도 중앙부처 공무원이다. 정말 오랜만에 온 연락이었다. 대학 과 동기였고 학교 때는 꽤 친한 사이였다. 나는 고시공부를 했었고 이 친구는 바로 대기업에 취직을 해서 오랫동안 연락이 자연스럽게 끊겼다. 대충 헤아려 보니 24년 만의 통화였다.

"야~ 정말 오래만이다. 네 전화번호는 얼마 전 대학 과 동기모임에 나가서 알았어!"

친구가 세심하게도 내 개인정보를 취득한 경로까지 설명해 주었다.

'아 참, 얼마 전에 대학교 입학 30주년 행사가 있었구나!'

"그래 정말 반갑다."

50대의 남자 둘은 수다쟁이로 돌변했다.

"너 부동산 한다면서 내가 물어볼 게 있어서 그러는데 한 번 보자."

친구의 오프라인 미팅 제안에 나는 흔쾌히 빠른 날로 약속 일을 잡았다. 합정역 5번 출구가 아닌 '사당역 13번 출구' 앞에 서 우선 만나기로 했다. 친구는 과천에 있는 중앙부처 사무소 에 직장이 있고 집도 과천이어서 사당을 선호하는 듯했다. 24 년 만에 만난 친구는 예전에 비해 1.5배 정도 배가 튀어나왔고 학창시절에 한 번도 친구의 부친을 뵌 적은 없었지만, 친구의 부친이 어떤 모습인지를 알 수 있었다. 서로 술잔을 기울이면 서 당연히 옛날의 추억들을 되새김질하느라 둘은 시간가는 줄

몰랐다. 1차를 하고 2차 호프집으로 이동하면서 대화의 주제 '시점이' 옛날에서 현재로 바뀌고 있었다.

"야! 부동산 잘 되니? 나도 중개사 2차 시험을 올해 볼 건데, 합격하면 어떻게 사무실을 열었으면 좋겠냐? 너의 조언이 필요하다. 직원들은 월급을 얼마 주냐?"

질문이 끝없이 이어졌다.

'그냥 묻는 게 아니네!' 나는 친구 직장에 관한 얘기로 화제를 돌렸다. 혹시나 친구의 신변에 무슨 변수가 있는지 궁금해졌다. 그런데 내가 우려하던 일은 전혀 없었다. 친구의 생각은 단지 나이가 50이 넘어가고 퇴직이 다가온다고 생각하니 미래가 걱정되어서 노후준비를 미리미리 하는 것이 좋을 것 같다는 결론을 내렸다.

"일단, 2차 시험 잘보고 나서 또 이야기하자. 우리 이제 자주 볼 거잖아."

친구와의 만남은 그 후로도 여러 차례 이어졌고 둘의 관계는 다시 학창시절로 돌아갔다. 달라진 게 있다면 옛날 얘기보다는 현재와 미래의 얘기들이 주제로 등장하였다. 그중 부동산 사무실 운영에 대한 얘기들이 많아졌다. 그해 늦가을 친구는 2차에 합격했다고 전화를 하면서 주말마다 내 사무실에 와서 내가 일하는 모습을 보면 안 되겠냐고 했다.

"안 되긴 뭐가 안 돼. 너 하고 싶은 대로 얼마든지 와라. 연대보증을 서 달라는 것만 빼고." 농담을 덧붙여서 친구의 제안을 기분 좋게 수용했다.

자격증은 따끈할 때 사용해라

시험에 합격한 사람들의 진로선택은 딱 세 유형으로 분류할수 있다.

첫째, 미래 계획형이다. 지금 현재 하고 있는 일을 하면서나중 어느 시점에 부동산 일을 시작할지 관망하는 부류다.

둘째, 배울 목적 겸 취업형이다. 개업은 경력을 쌓고 나서하고 지금은 적당한 부동산 사무실에 '취직을 해서 일도 배우고 돈도 벌자'라는 부류다.

셋째, 지금 당장 창업 결단형이다. 부동산 실무 경력에 상관없이 자기사무실을 열고 싶어 하는 부류다.

자기 인생 설계 및 그 결과물에 대해서는 자신만이 최대 이해관계자인 것은 맞는 말이다. 하지만 그 자신의 인생설계를자신이 베스트로 잘 설계하였다고는 장담할 수 없다. 적절한 비유가 될지는 모르겠지만 운전면허증은 운전을 하기 위해서 딴다. 그냥 미래에 운전할 일이 생길 때를 대비해서 운전면허증을 따는 경우는 극히 일부일 것 같다. 더욱이 운전면허증을 따고 운전을 계속하지 않으면 운전면허증은 무용지물에 가깝다. 물론 운전면허증 없이도 운전을 잘 할 수 있다. 그런데 불법이라는 게 문제다.

공인중개사 자격증을 취득했으면 이를 적극적으로 활용했으면 하는 것이 나의 생각이다. 소위 '장롱면허증'으로 방치하지 않았으면 한다. 공인중개사 자격증을 묵힌다고 골동품처럼 가치가 올라가는 것은 절대 아니기 때문이다.

자격증을 활용하는 방법은 다양하다. 회사에 따라서는 공인중개사 자격증을 보유하면 가점요인으로 작용해서 급여나 승진하는 데 플러스를 주는 곳도 있다. 나쁘지 않다. 하지만 본연의 공인중개사 업무를 익히는 것과는 무관한 일이다. 부동산 중개업 실무에 참여하는 방법은 취직을 하거나 개업을 하는 것이다. 문제는 둘 다 마음먹은 것처럼 쉽지 않다.

우선 취직에 대해 나의 경험을 얘기하면, 어느 정도 나이가 있는 40대 이상 남자는 취직이 어렵다. 이유는 많다. 나이가 많아서? 아니다. 정확한 이유는 부동산 사장의 입장에서 바라보

034　　　　　왕초보 부동산 중개 그냥 따라하기

면 답이 나온다. 설사 채용을 해도 곧 나갈 사람으로 인식되기 때문이다. 더구나 한창 호흡을 맞춰서 열심히 일을 가르쳐주면 대부분은 나가서 내 근처에 사무실을 개업해 강력한 경쟁자로 나타나기도 한다. 한 마디로 나에게 도움이 되지 않는 존재라고 생각한다.

여성은 좀 경우가 다른 것 같다. 경험적으로 여성은 남성에 비해 우려하는 상황 발생 빈도가 낮고 또 개업을 잘 안한다는 얘기도 될 수 있다. 40대 이상의 남성을 제외하면 취직의 문은 일단 열려있다.

취직의 문이 열려있다고 하더라도 난관이 없는 것은 아니다. 부동산 중개업은 나의 일관된 주장으로 '정보를 파는 업종'이라고 이해하면 될 것 같다. 정보는 물건과 달리 무형의 존재로 내 마음과 머릿속 기억에 있다. 수 십 년 역사가 있는 부동산 사무실의 모든 정보는 1만 원 짜리 USB 저장장치 안에 모두 담을 수 있다. 눈치가 있으신 독자는 내가 지금 무슨 얘기를 하는지 이해를 금방 하실 것이라고 믿는다. 그리고 수집된 정보를 활용하는 데는 어려움이 없다. 이런 저런 이유로 부동산에서는 신규 직원 채용에 매우 신중을 기한다.

부동산은 취직보다 창업이 답이다

채용 예상 직원의 능력은 일을 해보면서 알 수 있을 뿐, 일 시작 전 외모와 스펙만으로는 확인을 할 수가 없다. 이는 나의 경험이며 중개업 현업의 특성에서 비롯한다. 이런 부동산 직원 채용시장의 환경과 문화 때문에 사람을 채용할 경우에는 추천방식을 선호한다. 추천은 가까운 다른 부동산 사장이나 부동산업계에 종사하는 지인들로부터 추천을 받는다. 그리고 아직 중개실무 현업 경험이 전혀 없는 초보자들은 추천을 받아도 별 효과가 없다. 경험이 없으니 일을 잘하는지 알 길이 없기 때문이다. 초보자들에게는 분명 난감한 상황임에 틀림없다. 그러나 초보자들에게도 기회는 열려있다. 부동산 시장이 활황기 때는 일손이 딸려서 채용시장의 원칙은 다소 느슨해진다. 누구든지 환영이다. 그러나 부동산 시장자체가 위축된 상황에서는 채용시장 또한 얼어있어 원칙은 더 고수될 것이다. 그렇다면 남아있는 선택지는 바로 스스로 창업이다. "아니 부동산 시장이 얼어있다고 하는데 창업이 무슨 말인가?" 묻는다면, 나는 되묻고 싶다. "그런데, 당신은 왜 공인중개사자격증을 취득했어요?' 시장상황이 좋아지거나 노후를 대비하기 위해서요?"

누구든 지금 당장 그 어떤 곳이든 임의로 지역을 선택해서 그 지역의 부동산 5곳만 방문해 보라고 하고 싶다. 괜찮다고 생각한 부동산 가운데 몇 군데가 노인이 일하고 있는 곳인지.

자격증을 갓 취득해서 진로의 갈림길에서 고민하는 초보 중개사에게 얘기하고 싶다. 취직을 할 수 있으면 계획을 확실히 잘 세워서 취직에 성공해라. 단 취직 당시 해당 부동산의 사장에게 한 약속은 80% 정도는 지켰으면 한다. 80점은 '수'는 아니지만 '우'의 점수라서 사후평가가 나쁘다고 얘기하는 사람은 없을 것이다. 생각보다 대한민국은 좁고 부동산 업계는 더욱 좁다는 것을 알게 될 것이다.

취직이 아닌 창업을 결정했다면 우선 결단에 대해 박수를 보내고 싶다. 나는 이 책을 이런 분들을 독자층으로 생각하고 쓰고 있다. 모두들 얘기한다. 부동산 시장이 얼어붙고 경제가 위축되어 앞으로는 더욱 부동산 경기가 어려워 질 것이라고. 부동산 시장만 한정해서 얘기하면, 지금처럼 부동산 경기가 좋지 않은 상황에서는 그동안 성공하여 재미를 본 노련한 부동산 사장들은 에너지 충전을 위해서도 자신의 경쟁력을 잠시 내려놓는 시기이기도 하다. 반면 초보자에게는 이때가 기회가 열리는 시기라고 나는 역설적으로 생각한다.

임대가 너무 잘되어 높은 월세를 받던 시내 중심상권의 상가들이 공실로 변신하고 있다는 신문기사를 자주 접할 수 있다. 종로 중심가 1층 상가 유리창에 '임대문의'라고 써 붙인 전단지가 늘어나고 있는 것도 쉽게 목격할 수 있다. 누가 이런 빈 상가를 채우겠는가? 임대인? 임대인은 절대 아니다. 나중에 별도로 언급하겠지만 임대인과 임차인의 직거래는 실제로 거의 이루어지지 못하고 성사되더라도 어느 한쪽, 특히 임차인에게는 불안하고 불편하다. 경제학 용어로 자기 의지에 따라 행동하는 것이 아니라 생각 없이 남을 따라 하는 경제 행위를 일컬어 '밴드왜건 효과'라 한다. 부동산 창업을 결정하는 과정에서는 지양해야 한다. 자격증을 따서 부동산 중개업 실무를 하고 싶다면 지금 당장 실무현장에 뛰어들어야 한다. 이왕 결심했다면 취직보다는 창업이 정답이다.

● P o i n t

- 합격자의 진로 유형 세가지: 미래 계획형, 취업형, 결단형.

1-3

직거래의 허(虛)와 실(實)

●

부동산 직거래에 관한 심층적인 나의 생각을 정리해 보자. 학위 논문을 작성하는 것처럼 객관적인 자료를 바탕으로 통계기법을 사용해 주길 기대하지 않았으면 한다. 그냥 내가 이 부분에 대해 나만의 소신과 철학을 바탕으로 관찰을 통해 연구한 성과라고만 이해하면서 읽어주었으면 좋을 것 같다.

개인간 직거래 정보는 인터넷 포털에 들어가면 무수히 많이 찾아볼 수 있다. 대부분의 부동산 중개사들이 이용하는 부동산 매물광고 매체인 네이버 부동산이나 다음 부동산에도 간혹 직거래 물건이 올라오기도 한다. 부동산 중개업체 사업자가 아니면서도 어떻게 개인이 광고를 게재할 수 있는지 잘 모르겠지만 여러 차례 '직거래 매물로서 중개수수료 면제'라는 문구를 확인한 적이 있었다. 그리고 대표적인 직거래 광고는 주로 부동산 카페를 통해서 쉽게 확인할 수 있다.

중개업을 사업으로 하는 입장에서 부동산 직거래 시장의 확대는 '중개시장 축소'라는 아주 민감하고 중요한 의미를 던져준다. 부동산 중개사들에게 중개시장 축소는 치명적이다. 해마다 신규 공인중개사는 1만 명이 넘는 인원이 배출되고 있고 중개시장 또한 점점 경쟁이 치열해지고 있다. 이런 상황에서 직거래 시장이 활성화되면 중개사들에게는 정말 큰 걱정거리가 아닐 수 없다. 외형적으로 이러한 직거래 현상에 대한 우려의 증대는 이해가 되는 현상이다. 하지만 나는 전혀 걱정할 사안이 아니라고 본다.

우선, 직거래에 대한 개념을 정의해 본다. 매도인과 매수인 간에 또는 임대인과 임차인 간에 부동산 중개사를 통하지 않고 당사자들 간에 직접 거래가 이루어지는 방식을 의미한다고 정의할 수 있다. 그 결과 당사자들은 중개보수라는 비용을 지출할 필요가 없다. 거래 당사자 간에 직접 거래협상이 이루어지기 때문에 신속하고 원만한 협상이 이루어질 것 같다. 그러나 실상은 전혀 반대로 나타난다. 나는 부동산 중개를 하면서 항상 느끼는 것들 중 하나가 '왜 부동산 계약을 할 때는 그 좋은 사람도 예민해지고 사소한 부분에 대해서 집착하고 특별히 중요하지도 않은 사항에까지 과도한 에너지를 낭비할까?'라는 것이다.

어떤 주택임대차계약 상황을 가정해 보자. 예비 임차인이 집을 보고 마음에 들어서 계약체결 단계에 진입한다. 임차인은 그 집이 신축이든 오래된 집이든 항상 요구사항이 있게 마련이다. 벽지 교체 · 에어컨 등 부속시설 구비, 블라인드 추가 옵션 설치, 입주청소 등 열거하기가 부족할 정도이다. '자기가 눈으로 직접 보고 현 상태가 마음에 들어서 계약의사가 생겼다. 집을 보기 전에 그 집에 대해 월세를 포함한 임대조건도 이미 알았다. 그래서 계약사항에 대해 의사가 합치한 것이다. 그럼에도 막상 계약서 체결 현장에서는 전혀 예상하지 못한 추가 비용 지출을 임차인은 아무렇지 않게 임대인에게 요구한다. 이것은 무슨 경우인가!'

가끔은 임대인이 도발하는 경우도 있다. 계약체결 현장에서 임차인에게 직접 "직장을 다니고 있냐? 직장이 뭐하는 곳이냐?" "누가 또 함께 거주할 것이냐?" "벽에 못 하나라도 박으면 안 된다"는 등 어떤 요구사항은 너무나 조잡하여 듣기 거북한 경우도 적지 않다.

이러한 예측불허의 현장 상황은 당사자간 직거래 과정에서도 충분히 예상되는 상황이다. 거래당사자끼리 전혀 친밀도가 없는 상황에서 이루어지는 이처럼 엉뚱한 대화 속에서 과연 임대차계약 진행이 잘 이루어질까? 하나라도 요구사항이 받아들어지지 않으면 계약진행은 스톱되기 십상이다.

서로가 똑같은 생각을 하게 된다. '이런 집이 여기만 있냐?' 또는 '임차인이 너만 있냐?' 직거래가 성공할 수 없는 대표적인 경우이다. 마치 예민한 고양이와 호기심 많은 강아지가 함께 사이좋게 지내면 좋을 것 같다는 기대심리가 작용하는 시장이 직거래 시장이다.

임대 직거래 상황이 이런데, 매매에 관한 직거래 상황은 더욱 심각하다. 매매의 경우는 부동산이 중개를 하고 나서도 골치가 아픈 수많은 경우가 발생한다. 이때 부동산은 조정자 역할을 함으로써 갈등해결이라는 중요한 일익을 담당한다. 갈등의 대표적인 원인은 매물에 대한 하자 때문에 시작된다.

직거래의 치명적 맹점

또 다른 직거래 문제점으로 매물 정보를 처음에 접하고 임차인이 직접 임장하는 단계이다. 요즈음은 VR이라 해서 화면으로 360도 회전하여 직접 현장을 돌아보는 것 같은 실감이 나는 기술로 화면상으로 매물 내부를 둘러 볼 수 있다. 하지만 사진만 보고 사람을 사귀기로 결정하는 경우가 없는 것처럼 부동산은 실물을 보지 않고서는 결정을 잘 내리지 않는다. 직거래 시장의 가장 큰 맹점이다. 직거래 당사자끼리 연락을 해서 함께 현장을 둘러본다고 해도 문제는 크다. 임대인매도인측에서는 매물이 해소될 때까지 시간을 수시로 내야 한다. 보통 번잡스러운 일이 아닐 수 없다. 그리고 매물소유자는 모처럼의 좋은 기회를 놓치지 않기 위해 최선의 노력을 다하기도 하지만, 너무 의욕이 넘쳐서 오버하기 십상이다. 임차인의 문의 사항에 대해 대답도 잘 못하는 경우가 빈번하다. 임차인도 눈치를 채고 궁금한 내용 전부를 질문하지도 못한다.

마지막으로 사후 위험부담의 문제이다. 당사자 간에 거래교섭과정이 원만하게 진행되어 최종적으로 거래가 깔끔히 마무리되었다고 하더라도 추후 발생하는 문제들에 대해 합리적인 대응과 해결방법을 찾지 못하는 경우는 어떻게 할 것인가? 임대 직거래는 그래도 방법이 많다. 임대인은 보증금을 담보로, 임차인은 월세를 무기로 추가적인 협상 테이블이 마련될 수 있다. 하지만 매매의 경우는 전혀 양상이 다르다. 매매에서의 최대 위험은 매물의 치명적인 하자인데, 특히 매수인이 잔금과 등기 후 입주한 주택에서 하자문제가 자주 발견된다. 물론 민법상 하자담보책임이라는 법적 대응장치는 마련되었다고 하더라도 그게 간단하지 않다. 매도인은 일단 매매가 되면 매수인의 눈에서 떠난다. 다시 만날 일이 실제로 없다. 전화번호는 그대로 유지되더라도 잦은 매수인의 전화를 받지 않으려고 할 것이다. 매도인은 이렇게 얘기할 것이다.

"여보세요. 그래서 제가 집을 아주 싸게 팔았잖아요? 저도 몰랐어요. 앞으로 문제 제기하려면 법대로 하세요."

'법대로 하라'는 말은 매수인에게는 실제로 엄청난 낙담을 불러오는 말이다. 설상가상으로 매수인이 법대로 하려고 해도 매도인이 지금 어디서 사는지조차 알 수가 없다. 독한 마음을 품고 찾아간 변호사는 엄두가 나지 않는 수임료와 함께 상당한 기간이 걸릴거란다. '아이구! 그때 부동산을 통해서 진행할 걸. 중개수수료 좀 아껴보겠다고 이게 무슨 낭패야.' 마음속에

후회가 샘솟는 것을 알게 되었지만 이미 게임은 끝나버렸다.

일반적으로 직거래란 단어의 어감은 좋다. 중간에 덕지덕지 불필요하게 붙어있는 비대한 유통구조를 슬림화하여 군더더기 없이 생산자와 소비자 두 사람만이 잉여를 나눈다는 느낌이 든다. 어째서 이 좋은 제도가 국가에 의해서 활성화되지 않을까? 비용지출 없이 이득을 가져갈 수 있으면 얼마나 좋을까?

'세상에 공짜는 없다'라는 말을 모르는 사람은 거의 없다. 하지만 모든 사람들은 공짜를 찾고 있다. 아이러니하다. 부동산 공인중개사 제도는 국가가 직접 주관하는 부동산 중개 관련한 유일한 자격시험이다. 국가에서 주관하는 자격시험제도는 따져보면 그렇게 많지 않다. 국가는 국민들의 복리증진과 행복한 삶을 위해 세금을 재원으로 공익활동을 하는 주체이다. 직거래 방식이 국민들을 위해서 이익이 된다면 굳이 거대한 예산과 행정력을 동원해서 자격시험제도를 운영할 필요도 없을 것이고 지금이라도 직거래 시장을 활성화하는 각종 정책을 마련할 것이다.

직거래의 존재 이유에 대한 반성

그렇다면 직거래 방식이 중개시장에 아직도 존재하는 이유는 무엇일까? 먼저 공인중개사들이 반성을 해야 한다. 이 책 어딘가에서 부동산 중개업체를 대하는 국민들의 기본 인식에 관한 얘기를 잠깐 한 적이 있다. 같은 맥락에서 부동산 거래과 정에 중요한 역할을 담당하는 중개사에 대한 소비자인 국민들의 신뢰도는 다른 직역에 비해 아주 낮은 것 같다. 중개사 수가 많아서가 아닌 것 같다. 학교 선생님들의 수는 더 많지 않은가? 선생님들은 공부를 많이 한 지식인이기 때문도 아니다. 요즘 부동산 중개사들 중에 상당수는 전직이 화려한 사람들이다. 선생님들은 자녀 교육이라는 중요한 일을 하고 있어서도 아니다. 인간의 생존 조건인 의식주에서 오늘날은 '의, 식' 문제에 대해 고민하는 사람들의 숫자는 점점 줄어들고 있으며 이전에 비해 심각하지 않다. 하지만 '주'의 문제는 더욱 심각해지고 있으며 우리 사회의 큰 골칫거리로 부각되고 있다. '주'의 영역이 바로 부동산이다. 나는 국민들이 부동산 중개업에 대해 낮은 신뢰를 보여주는 이유를 다음과 같이 정리하고 싶다.

지금까지도 부동산 중개업은 '복덕방'으로 불린다. 그 누구도 복덕방 주인을 대표님이라고 잘 부르지 않는다. 잘하면 사장님이고 보통은 아저씨라고 한다. 고객의 마음을 표현하는 증거이다. 그런데 '복덕방'이라는 어원의 유래는 사실 매우 좋은 의미를 지니고 있다. '생기복덕'에서 유래되었는데 '기를 살려서 복과 덕을 불러 온다'는 의미이기 때문이다. 우리 사회가 급격히 변화하면서 주거공간을 포함한 부동산 영역에서 핵심 주역인 소비자의 수준은 점차적으로 높아지고 있는데 반해 서비스 제공자인 중개업 종사자의 수준은 높아지고는 있지만 두 당사자간의 수준격차는 더 벌어지고 있다. 즉, 중개업을 신뢰하지 못하는 분위기가 우리사회의 저변에 깔려있다고 생각한다. 중개수수료에 대한 저항도 크다고 생각한다. 시쳇말로 '하는 일도 별로 없으면서 편하게 돈을 번다'라고 소비자는 인식하기 때문에 따지고 보면 문제투성이인 직거래시장으로 눈을 돌리고 있는 것이다. 그러므로 창업을 준비하는 독자 여러분은 큰 의미를 가지지 못하고 있는 직거래 시장을 두려워 할 필요가 없을 것 같다. 오히려 높아진 소비자의 눈높이에 맞도록 노력하고 좋은 중개서비스 제공을 위해 연구하는 것이 우선 순서일 것 같다.

1-4

초보 중개사 '강추' 개업 지역

부동산 개업은 일종의 투자이다. 가족의 사활이 걸린 문제이다. 특히, 생애 처음으로 부동산을 개업하는 사람의 입장에서는 고려해야 할 사항이 한두 가지가 아니다.

투자유형은 크게 두 유형으로 분류할 수 있다. 하나는 수익은 높지만 손실위험이 큰 경우, 나머지 하나는 수익은 높지 않지만 안정적이고 손실위험은 크지 않는 경우로 분류할 수 있다. 일반적으로 투자 위험에 대한 선택 결정은 투자자의 성향에 따라 달라진다. 부동산 개업이 두렵고 매사에 신중하며 개업 후 미래에 대한 걱정이 많은 사람은 큰 수익보다는 안정적인 운영방식에 방점을 찍어야 한다. 안정적인 운영이란 '부동산 사무실 임대료 및 관리비 등을 포함한 제 비용을 충당하고도 자신의 노무에 대한 최소한의 인건비를 가져갈 수 있는 정도'라고 정의해 두자. 이를 실현하기 위해서는 어디에서, 어떤 중개대상물을 주된 취급상품으로 할 것인가의 문제와도 연결된다고 본다.

전통적으로 소형 주거 밀집지역은 들고나는 현상이 빈번하다. 요즘도 변하지 않은 현상이다. 특히 1인 가구가 급증하고 있는 최근의 주거 트렌드를 볼 때, 1인 가구 밀집지역은 주거의 이동이 활발한 곳이다. 주거이동이 활발하다는 얘기는 곧 중개업 관점에서 거래할 상품이 많아지고 시장에서 거래가 활발해진다는 의미와 동일하다. 최근의 구체적인 주거시장의 상황은 부동산에 대한 정부의 정책 여파로 주거시장에서 아파트 공급은 줄어드는 반면에 실제 대부분 주거용도로 사용되고 있는 오피스텔 공급은 늘어나고 있다. 아파트를 짓던 건설사들은 오피스텔 공급에 집중하고 있는 추세이다. 더구나 예전에 비해 오피스텔 분양가격이 상당히 높아졌음에도 불구하고 분양에 큰 어려움이 없는 것 같다. 심각해진 1인 가구 주거문제의 방증이다.

각설하고, 안정적 운영을 하고자 하는 사람은 주거이동이 활발한 오피스텔 단지 밀집지역이나 소형 다가구 · 다세대 · 빌라촌 밀집지역을 눈여겨 볼 필요가 있다. 소형 주거공간에 대한 중개보수액 자체는 상대적으로 소액이다. 하지만 이런 지역에서는 거래가 활발하여 자연히 거래 건수도 적지 않아 사무실 운영이 아주 안정적이다. 무엇보다 초보 중개사에게 주는 매력은 계약서를 작성할 기회가 많이 주어져 중개실무의 경험을 축적하는 데 아주 좋은 조건이 된다.

같은 오피스텔 밀집지역이라도 초보 중개사에게는 기존에 형성된 지역보다는 새롭게 조성되는 신도시 지역을 더 권장하고 싶다. 어느 지역이든, 어떤 업종이든 기존에 이미 자리를 잡고 있는 동종업계 선배들과의 경쟁은 피할 수 없다. 특히 부동산처럼 독특한 정보 상품을 판매하는 경우는 더욱 치열하다. 신도시 지역은 아파트 · 상업시설 · 오피스빌딩 그리고 오피스텔을 꼭 배치한다. '어떤 사람이 아직도 주거환경이 완비되지 않은 불편한 지역에 집을 구할까?'라는 의문이 들 수 있다. 하지만 신도시 지역 내에서 식당 · 상가 및 소형 사무실에서 일하는 젊은 청년들과 주변의 일반 주택에서 살고 있는 1인 가구들이 주거를 옮겨오는 주된 고객들이다. 지하철역 근처로 신도시가 보통 조성되어 교통여건이 더 나아진다면 먼 거리에서 젊은 고객들이 집을 구하러 올 것이다. 신도시 지역은 그야말로 논밭 같은 황무지에서 활기 넘치는 고층건물들이 순식간에 조성됨에 따라 기존에 자리 잡고 있는 기득권 세력도 거의 없다. 설사 존재한다고 하더라도 독식현상도 없고 새로 진입하는 초보 중개사에게 장애가 되는 친목회 같은 조직도 아직 갖춰지지 않아 마음 편하게 영업할 수 있다. 그야말로 블루오션이다. 나중에 별도로 다룰 내용이지만 초보 중개사의 의욕을 꺾는, 없어져야 할 중개업소의 문화로 친목회 같은 일종의 카르텔 조직이 있다. 시작도 하기 전에 카르텔에 속수무책으로 당하기보다 젖과 꿀이 흐르는 신도시 지역에서 시작할 것을 강추한다. 초보 중개사들은 처음부터 남다른 생각을 해야 한다. 부동산 중개업처럼 불합리한 경쟁 구도 속에서 겪게 되는 고통은 줄일 수 있으면 처음부터 줄였으면 한다.

공짜로 유산 득템하기

신도시 오피스텔 밀집지역을 추천하면서, 한 가지 더 정보를 드리고자 한다. 오피스텔은 준공시기를 기준으로 이전과 이후로 나눌 수 있는데 각 시기별로 장단점을 정리하면 이렇다.

첫째, 준공시기 이후에는 보통 '입주장'이라고 불리는 대목 시장이 열린다. 해당지역 오피스텔 규모에 따라 수십에서 1백여 개가 넘는 부동산이 입주징에 맞춰서 문을 연다.

지역을 잘 알고 모르고는 중요하지 않다. 전국에서 선수들이 온다고 봐야 한다. 하루가 다르게 부동산 중개업소가 문을 열지만 입주장이 마무리되면서 하나둘씩 사라지기 시작한다. 통상적으로 일컫는 '떴다방'하고는 조금은 다른 개념이지만 일부는 '떴다방'의 형태를 포함하기도 한다.

그러면 이러한 입주장이 열리는 준공이후 오피스텔 지역에 중개업을 오픈하는 초보 중개사의 경우는 어떠한 방법으로 대응을 해야 할까? 남들과 함께 할 것은 함께 해야 한다.

욕심내지 말고 나에게 주어지는 것에 최선을 다하고 주변과도 협조하면서 나누어 먹어야 한다. 사소한 손해는 상대방이 인식만 하는 선에서 감수하면서 양보하고 전국에서 몰렸던 중개 고수들의 좋은 노하우를 배우려고 노력해야 한다.

좋은 노하우만 배워야 한다. 직감적으로 이상하다고 생각이 들면 버려야 한다. 배가 고프다고 독을 제거하지 않고 복어를 먹을 수 없는 것과 같은 이치다. 최소한이라도 고수들의 노하우를 익힌다면 충분히 남는 장사다. 아무리 안 되더라도 입주장에서 손해가 나는 경우는 없다. 기대만큼 큰 수익을 내지 못하더라도 입주장 이후가 남아있기 때문이다.

입주장에서 작은 이익에 몰두하여 아웅다웅하면서 불필요한 에너지를 소진한다면, 입주장 이후에 남겨지는 유산에 대해 상속받을 기회가 생기지 않기 때문이다.

'입주장'은 전국의 고수들이 몰려와서 한바탕 파티를 치르고 떠나는 사람들이 대다수이기 때문에 좋은 관계를 유지하고 인상을 깊게 남긴다면 떠나는 이들의 소중한 유산들을 상속받을 수 있다. 통상 한 단지의 입주장은 최장 4개월로 보면 된다.

둘째, 분양 후 준공이 임박한 시기는 분양권 매매시장이 활발하다. 지금은 100세대 이상 분양 오피스텔 단지의 경우에는 준공까지 오피스텔 분양권 전매가 불가능하지만, 예전에는 오피스텔 분양권 전매시장은 오피스텔 중개시장에서 즐겨찾는 단골메뉴였다.

현재도 100세대 미만 오피스텔의 경우에는 전매가 가능하다. 준공 전 입주장에 미리 진입하는 것에 대한 한 가지 더 중요한 장점으로서 해당 지역 분석 및 매물 확보에도 큰 도움이 된다.

참고로 오피스텔 분양권 전매시장에서는 원래 분양가보다 높은 가격인 프리미엄이 붙는 경우도 있지만, 중개사에게 매우 매력적인 상품으로서 마이너스- 프리미엄이 붙는 매물도 종종 있다. 쉽게 말해서 분양가 이하의 가격으로 매매물건이 나온다는 의미이다.

이런 마이너스 프리미엄 매물이 발생하는 이유는 어떤 객관적인 이유보다 주로 매도자의 개인적인 사유에 기인한 경우가 많아 '진정한 급매물'의 성격을 지니고 있다.

여러 채를 한 가족이 분양받았지만 대출문제가 발생해서 급히 팔아야 되어 마이너스 프리미엄으로 가격을 제시한 경우가 있었다. 2014년이었다. 강남구 자곡동의 오피스텔 준공이 임박한 입주장 시기에 한 50대 후반의 남자가 부동산 사무실을 방문했다.

"제 오피스텔을 급하게 팔아주세요. 빠를수록 좋습니다."

당시 해당 오피스텔 2차 단지는 2개월 전 부터 입주를 하고 있었고 1차 단지의 성공적인 입주가 마무리 되고 있어서 2차 단지도 좋은 결과를 예측하고 있던 참이었다. 평수도 다양하고 가격도 1차와 비교할 때 분양가가 조금 저렴했다.

오피스텔의 경우 분양가에 매우 민감하다. 수익상품이라서 수익률 산정에 분양가가 기준이 되기 때문이다. 놀랍게도 1차 단지의 상황을 잘 알고 있는 이 고객은 무려 4채를 보유하고 있었는데 매매가격을 각 −1,500만 원으로 하겠다고 했다. 한 채당 분양가가 1억5,000만 원이니 자신이 낸 계약금을 포기하겠다는 뜻이었다.

놀라웠다. 이유가? 궁금했지만 내 궁금증이 중요하지 않았다. '어떻게 하면 빨리 내가 팔 수 있을까?'하는 묘안 마련이 급선무였다. 그리고 '어떻게 하면 내가 더 신뢰를 받을 수 있을까?'를 동시에 고민했다.

문득 '이렇게 계약금을 포기하면 중개 보수는 어떻게 내지? 고객 주머니에서 별도로 낸다면 매도인이 너무 안됐다'라는 생각이 들었다. 그리고 '제대로 중개보수를 다 받을 수 있을까?'라는 염려도 생겼다.

"사장님! 사실 이렇게 계약금 전체를 4채나 포기하는 경우는 처음입니다. 어차피 마이너스 프리미엄으로 좋은 물건이니 1,400만 원이든 1,500만 원이든 매수자가 받는 느낌은 동일할 것입니다. 그리고 부동산에도 중개수수료를 내야 하니

1,400만 원으로 마이너스 가격을 조정하시는 것이 좋을 것 같습니다." 나의 고민의 산물에 대해 고객은 고마움을 내비쳤다.

결과적으로 나는 고객이 4건 중에서 3건의 거래를 성사시켰다. 이후에 알게 된 사정이었지만 이 고객은 부인과의 가정문제로 부인의 명의와 본인이 분양받은 오피스텔을 급하게 처분하고 싶었던 것이었다.

● P o i n t

- 소형 주거 밀집지역은 중개 수요가 빈번하다.
- 초보 중개사는 신도시 지역에서 개업이 유리하다.

1-5

유목인 후예들의 전철

●

부동산 중개업종은 중개업소를 이전하여 영업을 할 수 있는 특징이 있다. 모든 자영업이 영업장소 이전의 자유가 있지만 중개업의 이전 사유는 흥미로운 특징이 있다.

일반적인 자영업종은 특성상 한 곳에 오래 뿌리를 내린 상태에서 꾸준히 고객관리를 통해 단골 고객들을 확보하면서 튼튼한 고객망을 구축하는 것이 사업 성공의 일반적인 방법이다. 단골 고객층이 두터울수록 나중에 상가를 양도할 때 고액의 권리금을 받을 수 있다. 그래서 자영업자는 영업장소를 옮기는 것에 대해 매우 신중하게 생각한다.

그렇다면 부동산 중개업소를 옮기는 문제와는 어떤 차이가 있을까? 일부 중개업소의 얘기일 수도 있고 일반적인 중개업종의 특성일 수도 있다.

  새로운 신도시가 개발되어 상업지구가 조성되면 무수히 많은 중개업소가 난립을 한다. 바로 입주장이 열리는 것이다. 상가 1층은 물론 2층, 심지어 오피스텔 한 호실을 빌려서 대목장을 맞이하는 것이다. 두 세 달이 경과 후, 입주장이 마무리될 즈음 썰물 빠지듯이 많은 중개업소가 문을 닫기 시작한다. 대부분 다른 곳으로 이전하거나 아예 문을 닫는다. 왜 이런 현상이 일어날까? 가끔 언론에서 부동산 열기가 높은 지역에 관한 뉴스를 보도할 때 '떴다방'이라는 용어를 들을 수 있다. 바로이 '떴다방'이 내가 말하는 광의의 중개업소를 의미한다.

  본래 유목민이라는 용어는 몽골초원에서 가축들을 돌보기위해 계절에 따라 목초지가 풍부한 지역으로 가축 떼를 이끌고 이동하는 사람들을 일컫는다. 이런 유목민 생활방식과 비슷한 느낌을 받아서 내가 빗대어 표현한 용어이지만 제대로 비유한 것 같다.

  왜 유목민처럼 부동산 사무실을 짧은 기간 안에 자주 이동해야 하는지는 알 것 같다. 하지만 나는 이들처럼 따라하고 싶은 마음은 없다. 이유는 많다. 가장 중요한 이유는 고객들에 대한 배신행위라고 생각하기 때문이다. 미우나 고우나 고객들은 처음 인연을 맺고 거래한 부동산 중개업소를 다시 찾는 경우가 많이 있다. 그러나 고객들이 다시 찾을 때 그 부동산은 그 자리에 없다. 처음 계약을 할 때는 온갖 미사어구로 고객의 마음을 뺏어놓고 일언반구 없이 사라지는 것이다. 상담을 진행했던 담당직원도 없다. 마치 사귀던 연인을 두고 군입대를 했다가 휴가를 나와서 전화를 했는데 만날 수 없다는 통보를 받는 황당한 휴가 군인의 심정이 들 것 같다.

임대인의 경우는 더욱 허탈감을 느낀다. "앞으로 사모님 호실은 저희 부동산이 책임지고 관리해 드릴 테니 걱정 마시고 저희에게 맡겨주시면 됩니다." 계약 당시 부동산 사무실에서 웃으면서 주고받은 얘기들이 공허하게 남을 뿐이다.

유목민 부동산의 실상

부동산 중개계약에서 임대인의 요구사항과 임차인의 요구사항은 좀 다르다. 임대인은 부동산업소와 대표가 누군인지도 관심있다면 임차인은 계약담당 직원이 누구인지도 중요하다.

부동산 사무실이 다른 지역으로 이전을 하면 담당직원도 함께 사라진다. 어쩌다 어렵게 연결이 된다고 할지라도 담당 직원은 "죄송해요, 저 그곳에서 더 이상 근무를 하지 않아서요. 제가 그 근처에 있는 다른 부동산직원을 소개시켜 드릴께요"라고 '땜빵대응'을 할 수 밖에 없다.

유목민처럼 부동산이 장소를 수시로 옮겨 다니는 것은 근시안적인 부동산중개업을 경영하는 것으로밖에 이해가 되지 않는다. 돈이 되는 곳으로 사무실을 이전하는 것은 상인으로서 당연한 본능인데 그게 큰 잘못이냐는 반박도 할 수 있다. 그러나 도덕적으로 잘잘못을 따지는 것이 아니다. 나도 상인이지만 잘못된 선택이라고 주장하고 싶은 것이며 새로 부동산을 창업하는 사람들에게는 미리 경각심을 주고 싶기 때문이다. 한 마디로 유목민 부동산은 하루를 벌어서 하루를 살아가는 자연에 순응할 수밖에 없다. 그러나 부동산 영업을 유목민처럼 옮겨 다닌다면 보이지 않는 큰 손해가 발생한다. 첫째, 제대로 된 고객군이 형성되지 않는다. 둘째, 업무영역이 넓어질 기회가 없다. 셋째, 오직 매출에만 관심을 갖게 되어 예상하지 못한 실수와 오류를 범할 우려가 커져서 고객과의 잦은 분쟁상황을 만들기 쉽다. 넷째, 피상적으로는 돈을 번 것 같지만 실제적으로 남는 것이 없다. 다섯째, 중개업 업무 자체에 대한 자긍심이 만들어지지 않고 피로감이 축적되어 중개업 자체를 오래하기 싫어진다.

원칙적으로 직업은 특정장소를 중심으로 지속성을 유지하면서 업무 영역의 확대와 전문성을 배양함으로 자긍심과 보람을 느낄 수 있어야 하는데 유목민 부동산은 그 반대이다. 인류가 유목민처럼 곳곳을 떠돌아다니다가 한 곳에 정착하여 농사를 지으면서 지금의 문명사회를 이루고 살았다는 인류역사가 증명하듯이 '정착한다는 것'은 성공적이고 발전적인 단계라는 의미도 된다. 매출이 조금 떨어진다고 금방 장소를 옮기고 또 옮기고 하는 유목민 형태의 부동산 중개업은 국민들의 인식 속에 '떴다방'이라는 부정적인 이미지만 재확인시켜 줄 뿐이다.

나는 이런 유목민 현상을 제도적으로 방지하기 위해 독특한 아이디어를 생각해 본 적이 있다. 즉, 부동산 사무실 이전 등록 시에 동일 자치구가 아닌 타 자치구로 중개업소를 이전할 경우에 '일정기간 내 사무소 이전 횟수 제한'을 두면서 일정한 법적 통제를 하는 것이다.

현재까지도 부동산중개업에 대한 국민들의 신뢰는 너무 낮다. 나는 국민들의 신뢰를 회복하기 위해서라도 부동산 중개업 종사자는 많은 노력을 해야 한다고 생각하는 사람이다. 개개인의 의지와 노력만으로는 절대 변하기 어려운 구조적인 문제를 지니고 있다. 유목민 부동산처럼 '돈따라 산천리' 현상은 이제는 변해야 한다. 사실 유목하는 부동산 대표들은 분양업 종사자와 매우 긴밀한 관계를 가지고 있다는 사실을 나중에 알았다. 단순히 입주장이기 때문에 너도 나도 입주장으로 진입하는 것만은 아니었다. 법으로 엄격하게 금지하는 사항에 대해 은밀하게 법망을 피해 각종 이상한 거래가 이면에서 이루어진다. 아무리 배가 고파도 그냥 먹으면 안 되는 것임에도 너도 먹고 나도 먹는다. 그리고 떠난다. 개인정보보호에 관한 법률의 중요성이 갈수록 높아지고 있지만 입주장에서는 무법이 활개를 친다.

유목민의 피해자들

상가 분양주에게도 유목민 부동산은 큰 고통을 안겨주고 있다. 일반적으로 입주장에서 중개업소의 위치 선정은 그 동네 최고의 위치에서부터 시작된다. 월세도 해당 상가주가 원하는 만큼 선뜻 주는 계약을 한다. 계약기간은 길게는 1~2년, 짧게는 6개월 정도이고, 그 이하도 있다. 천차만별이다. 해당 상가 주 입장에서는 잠시동안은 뿌듯하다. 월세도 전혀 밀리지 않고 따박 따박 들어온다. 그래서 상가주는 부동산 업종이 입점하는 것을 여러 측면에서 반긴다. 첫째, 월세가 밀리지 않고 둘째, 자기 상가를 깨끗하게 사용할 것 같고 셋째, 임차인이 부동산이니 임대인의 개인적인 부동산 자문에 도움이 될 것 같은 예감이 들기 때문이다.

그런데 입주장이 마무리될 무렵, 임차한 부동산들이 꿈틀대기 시작한다. 단기로 임대를 한 부동산중개업소는 바로 사무실을 빼고, 1~2년 임대기간을 약속한 부동산도 조기에 퇴실을 준비하기 시작하면서 임대인에게는 입주장 말기의 식어버린 중개시장의 상황을 읍소하면서 높게 계약한 임대료를 줄여달라고 요청한다. 하지만 이런 상황을 전혀 이해하지 못하는 임대인은 일언지하에 거절한다. 임차인인 부동산의 이주결심은 더욱 확실히 굳어지고 새로운 이전지 물색을 위해 한창 영업시간임에도 불구하고 사무실 문을 닫아 버리는 경우가 많다. 그래도 인수할 새로운 임차인이 나타나지 않으면 임대기간이 남아있음에도 사무실을 비워놓은 채 임대료를 연체하기 시작한다. 임대인이야 보증금에서 공제하면 금전적 손해는 없는 것 같지만 지난달까지 잘 입금되던 고액의 월세가 들어오지 않으면 무슨 생각이 들까? 심지어 몇 달 전까지만 해도 한창 인기를 끌면서 경쟁적으로 임대를 문의하던 그 많던 사람들은 자신의 상가 위치보다 못한 자리에서 이미 영업을 하고 있는데 자신의 상가는 지금부터 공실 신세로 전락하는 무상함이 느껴지는 순간을 맞이하게 되는 것이다.

입주 초기에 제대로 된 업종이 입점을 하지 못하면 아무리 위치가 좋은 상가라도 동종업종을 유치하는 데 어려움이 생긴다. 이미 주변에 유사업종이 입점을 하고 있어 이를 무시하고 후발주자가 근처에 입점 결정을 하기에는 큰 결심이 필요하기 때문이다. 그리고 무엇보다 부동산이 입점한 상가는 임대료 수준이 높다. 왜냐하면 최초 부동산이 높은 임대료를 주었기 때문에 임대인 입장에서는 다소 임대료를 조정해 주더라도 신규 임차인 입장에서는 전혀 매력적인 금액이 아닌 여전히 높은 임대료 수준이기 때문이다.

내가 일하고 있는 사무실 근처에도 똑같은 사례가 발생했다. 최고 선호하는 단지에 최고의 호실에 입주 때부터 부동산이 입점을 하였다. 월세도 7% 수익율에 가까웠다. 입점한 부동산은 유목민 부동산처럼 다른 지역으로 옮겨간 사례는 아니었다. 입주장 때 정해진 너무 높은 임대료가 조정이 전혀 되지 않아 결국 근처로 이전을 한 사례였지만 입주장 때 높은 임대료를 받고 부동산에 임대를 한 상가주의 황망한 사례로서 참고할 만한 경우였다.

● P o i n t

- 오래할 지역을 신중히 선택해라.

나의 특별한
이야기

2-1

사람의 마음을 잇는 중개

●

임대인의 입장에서 가장 골치가 아픈 임차인이 바로 월세를 사전에 일언반구 없이 연체하는 사람이다. 임대료를 연체하는 이유는 수 만 가지다. 순수하게 월세 일자를 며칠 지나치는 경미한 경우와 사전에 미리 월세 연체에 대해 임대인에게 양해를 구하는 비교적 예의 바른 임차인의 경우는 제외한다. 여기서 골치 아픈 임차인은 고의를 가지고 '배 째라'는 식의 막무가내로 임대료를 연체하는 경우이다.

상가의 경우에는 장사가 안 되는 경우가 많아 임대료가 종종 밀린다. 그래서 계약체결 당시부터 임대인은 이런 경우를 대비해서 특약으로 임대료 연체상황에 대해 대비한다. 구체적인 대응방법은 조금 뒤에 얘기하도록 하겠다.

반면 주택임대차의 경우는 상대적으로 임대료 연체 발생빈도가 높지는 않더라도 연체상황이 발생할 경우 임대인의 입장에서는 매우 어려운 상황에 놓이게 된다. 왜냐하면 주거는 비주거인 상가와 비교할 때 '인간의 주거권'이라는 특별히 보호가치가 있어, 함부로 임차인을 찾아갈 수도 없고 명도집행과 같은 강제절차도 복잡하고 까다롭다.

흥미로운 임대료 연체 사례-서막

임대인 A와 임차인 B가 오피스텔을 500만 원 보증금에 월세 73만5,000원으로 1년 임대계약을 하고 B가 거주하다가 어떤 사정이 생겨 월세를 미납하기 시작하였다. 처음에는 월세 납입을 며칠 동안만 미루다가 점점 미납기간이 길어지고 결국은 임대기간이 3개월 남은 시점에서는 4개월의 월세가 미납되었다. 더구나 어느 시점부터 임대인의 전화도 전혀 받지 않아 임대인의 화를 돋우는 상황에 이르렀다.

잔뜩 화가 난 임대인은 임차인에게 계약해지를 통보하고 나에게는 새로운 임차인을 지금부터 알아봐 달라고 한 상태였다. 나는 몇 번이나 새로운 임차인에게 해당 호실을 보여주려고 시도했지만, B는 처음에는 나의 전화를 받고 협조할 듯이 하다가도 이런저런 핑계를 대면서 끝내 자신의 방문을 열어주지 않았다. 당연히 새로운 임대차 계약은 이루어질 수가 없었다. 모든 진행상황은 그때그때 임대인에게 알려드려서 임대인의 칼날은 더욱 날카로워질 수 밖에 없었다.

그러던 중 갑자기 B가 연락을 해서 자신이 이사를 해야 하니 방을 다른 손님에게 보여줄 수 있다고 했다. 아마도 이사를 가야할 새로운 상황이 생긴 것 같았다. B의 입장에서는 보증금에서 4개월 밀린 월세를 공제하고도 본인이 반환받을 금액이 있다고 생각했는지 임대인에게 한 자신의 행동에 대해서는 일언반구 사과도 없이 가볍게 퇴실의사를 통보했다. 새로운 임차인에게 어렵게 방을 보여주고, 마침내 새로운 임대차 계약도 하고 이삿날도 확정하였다. 모든 것이 순조롭게 진행될 것 같은 상황에서 B의 이삿날이 다가오자 A에게서 전화가 걸려왔다. 보증금에서 공제할 금액 정산을 부탁하면서 과거 B의 미납 월세에 대한 상세한 내역도 함께 알려왔다. 그리고 임차인의 미납 월세에 대한 지연이자도 함께. 그것도 단리가 아닌 복리로 요구했다. 이제 임차인에게도 괴롭고 힘든 겨울이 찾아왔다.

나는 우선 계약서를 다시 들춰보았다. 임대인의 말이 맞았다. '월세 미납에 대해 지연이자를 15% 지급하기로 한다'라는 특약이 있었다. 그리고 그 문구 위에 형광펜으로 '쭉' 강조표시도 해 놓았다. 나는 주택임대차 계약을 할 경우에는 표준임대차 계약서상에 기재되어 있는 항목란에 임대료 연체 시 '6%'라고 습관적으로 기입한다. 말이 6%이지 실제 연체료 금액 자체는 생각보다 크지는 않다. 물론 임대료 액수나 연체한 당사자의 입장에 따라 크다고 생각할 수도 있겠지만 말이다.

지연이자를 특약에 별도로 기재하는 의미는 임대인이 연체료를 받겠다는 의미보다 임차인의 성실한 월세 납입의무를 환기시키는 의미가 더 크다고 볼 수 있다. 그런데 좀 특수한 상황에서는 특약란에 별도로 월세 미납의 경우 발생하는 연체료율을 기재한다. 주로 임대인의 요구에 의해서 이루어지는데 본 사례와 같이 보증금액이 일반적인 경우보다 작은 경우와 임대인의 생각에 임차인이 연체를 할 우려가 있다는 예감이 들 경우이다. 일종의 임대인의 '궁예의 관심법'이 작동될 때이다. 보통 이러한 임대인들은 임대경험이 많은 임대인일 경우가 대부분이다. 본 사례의 경우도 임대인이 원래 제시한 보증금액은 1,000만 원이었는데, 임차인이 간곡히 사정을 해서 보증금 액수를 500만 원으로 낮춰 준 케이스였다. 그리고 보증금액을 낮춰주면서 특약란에 '임대료 연체의 경우에는 연체료율 15%'라고 제시하였고 당시 임차인은 보증금을 낮춘 성과에 도취한 때문인지 아니면 월세를 연체할 일이 본인은 없을 거라는 자신감 때문인지 모르겠지만 '연체율 15%'에 대해 이의를 제기하지 않고 흔쾌히 해당란에 서명을 하였던 것이었다.

임대인의 요구대로 연체액을 고려해서 정산한 금액과 고려하지 않을 때의 정산금액의 차이는 단리로 계산했을 경우 14만3,800원이었다. 임차인은 초기에는 며칠간만 연체했지만 임대인은 계약서에 기재된 문구 그대로 '어떠한 사유이든' 조항을 근거로 엄격한 적용을 요구했다. 15만 원도 안 되는 연체금액이 많다고 생각하지 않을 수도 있지만 그렇지 않았다. 임차인이 월세를 연체한 이유는 결국 돈이 없었기 때문이었다. 밀린 월세와 관리비를 내고 나면 손에 쥐는 돈은 200만 원 정도였다. 중도 퇴실이니 중개보수도 본인이 부담해야 하고 새로 입주하는 곳의 중개보수도 있을 수 있고 또 이사비용도 들 것이다. 정말 한 푼이 아쉬운 상황이었다.

사실 임대인은 매우 점잖고 합리적인 분이셨다. 임차인 B가 여성이고 나이도 어느 정도 있어 40대 중반 보증금액을 500으로 해 달라고 부탁했을 때 그에 상응하는 월세도 올리지 않았다. 단지 약속한 기일에 월세만 잘 내면 된다고 했다. 혹시라도 어떤 상황이 발생하면 미리 연락을 해서 양해를 구하면 충분히 이해해줄 분이셨다. 그런데 B는 그야말로 막무가내였다. 아마 상대방인 임대인을 너무 쉽게 생각한 듯 했다.

여하튼 임대인의 요구사항대로 보증금 반환금액을 정산한 후, B의 이사일을 하루 앞 둔 상황에서 나는 직감적으로 좀 걱정이 되기 시작했다. 잔금일인 B의 이사일에 임대인은 현장에 나올 리가 없었고 모든 일을 내가 처리해야 하는데 B를 대면하기가 갑자기 꺼려지기 시작했다.

'미리 이 연체료 부과사실을 B에게 알려서 이사 당일에 있을 지도 모르는 불편한 상황을 줄여볼까?'도 생각했지만 얼굴을 보면서 얘기하는 것이 좋을 것 같았다. 임차인의 얼굴 표정과 전체적인 반응도 직접 확인하면서 대응하는 것이 효과적이라는 결론을 내렸다.

B의 예상 반응에 대해서는 우선, 저항 없이 순순히 따른다. 최상의 상황이다. 두 번째, '왜 내가 연체료를 부담해야 해요?' 발생 확률 높은 저항 상황이다. 이 경우 나는 미리 준비한 계

약서 특약내용과 연체료 산정근거를 내밀면서 임차인의 저항에 대응하면 된다. 하지만 느낌이 썩 안 좋았다. 한바탕 소란이 예상될 것 같았다. 그리고 최악의 상황으로 B가 이사를 단념하고 '눌러앉아 있겠다'고 고집을 피우는 상황이 세 번째 시나리오이다. B가 퇴실을 알려 온 며칠 후 자기가 새로 들어갈 집도 한 번 알아봐 달라고 한 적이 있었기 때문이다.

'B가 집을 아직 못 구했나.' 당시에는 대수롭지 않게 흘려들었지만 만약 임대인의 지연이자 요구 때문에 지금 이대로 눌러앉아 농성을 하면서 장기전에 돌입하는 최악의 상황도 대비해야 할 것 같았다. 모든 준비를 단단히 하고나서 임대인에게 전화를 했다.

새로운 국면

"사모님 정산금액은 얼마입니다. 그런데 혹시 내일 연체료 문제 때문에 예상되는 최악의 상황에 대해서도 참고는 했으면 좋겠습니다."

나의 고민을 조심스럽게 전달했다.

임대인은 잠시 동안 "……" 상태였다. 그리고 "제가 사실 그

연체료 금액을 받을 목적으로 이러는 거 아닌 거 사장님도 잘 아시죠? 그럼, 최악의 상황이 발생하면 그동안 제가 받은 고통과 상처는 누가 보상해 주나요?"

이때다 싶어 나는 준비된 제안을 임대인에게 전했다.

"연체료 금액을 받지 않았으면 하는 것이 아니라, 혹시 발생할 최악의 상황에 대비하자는 취지입니다. 그래서 임대인의 진의를 전달하여 임차인으로부터 늦었지만 진심어린 사과라도 받는다면 조금은 보상이 되지 않을까요? 그리고 다음 신규 임차인의 입주에 차질을 주어 사모님이 또 다른 고민에 빠지는 것을 예방하는 것도 무엇보다 중요해서 그렇습니다." 내 주장을 펼쳤다.

현명하신 분이라서 내가 하는 말을 금방 이해하고 있었다. 이사 당일 B는 이사준비를 마무리했는지 사무실로 보증금을 정산 받으러 내려왔다. 4개월 밀린 월세는 본인도 알고 있는 듯 했다. 그러나 연체료를 언급하자 눈동자가 커지기 시작했다. 나는 재빨리 준비한 계약서와 산정자료를 책상 위에 펼치면서, 설명을 하려는 순간 B가 목소리를 높였다.

"사장님! 저 너무 힘듭니다. 하는 일도 잘 안되고 이제 돈도 없어 아는 동생 집에 얹혀 살아야 해요. 사실 부동산 중개수수료 낼 돈도 없어요."

나에게도 듣기 힘든 순간이 찾아왔다. 나는 중개수수료를 예고 없이 막판에 무조건 깎아 달라는 상황이 사실 적응하기 힘들었다. 우선 미납 월세와 발생 연체료액에 대해서 설명하고 난 다음 임대인의 진의에 대한 중요한 얘기를 계속했다. 처음에는 전혀 내 말에 귀를 기울이고 있지 않던 B도 천천히 태도가 변했다. 그리고 그녀는 밖으로 조용히 나갔다. 그녀가 나간 후 20분쯤 후에 임대인으로부터 문자가 날아왔다. '사장님! 연체료는 받지 마세요. 그리고 죄송하지만 사장님 중개수수료도 좀 깎아주시면 안될까요? 임차인이 많이 힘드신가봐요. 그리고 감사합니다. 신경써주셔서.'

나는 중개수수료에 대해서는 나의 원칙을 고수하는 편이다. '받아야 할 것은 다 받아야 하지만 상황에 따라서는 기분 좋게 깎아 주자.'

마음속의 근심이 걷히자 허기가 찾아왔다.

● Point

― 모든 마무리는 좋게 매듭하라.

2-2

폐허 속에 핀 장미 세 송이

현재 코로나 바이러스 사태로 상가 임대시장은 초토화되었다. 가뜩이나 부동산 시장이 좋지 않았던 상황에서 그야말로 엎친 데 덮친 상황이다. 기존에 이미 임대를 맞춘 임대인에게도 불똥이 튀었다. 코로나 때문에 영업매출이 50~90% 줄었다고 하소연하는 임차인들이 임대인에게 임대료 감액을 요구하기 시작한 것이다. 마침 시민단체도 '착한 임대인' 캠페인을 벌이기 시작했으며 정부에서도 이런 분위기를 반영해서 임대료를 줄여주는 임대인에게는 감소액의 50%를 세제로 지원한다고 발표했다. 이런 상황에서 신규로 상가 임대를 성사시키기에는 절망적인 상황이 되었다.

상가임대 뿐만이 아니라 오피스텔 같은 주거임대도 상황이 별반 다르지 않았다. 도무지 거주자들이 이사를 갈 생각을 하지 않는다. 내가 취급하는 주상복합 단지는 마침 입주 2년차가 되는 시기여서 '준 입주장'을 잔뜩 기대하고 있었는데 말이다. 오피스텔 거주자들이 이사를 포기하는 이유는 우선 본인이 이사 갈 집을 찾겠다는 마음이 없어진 것 같다. 이사준비에 따른 사람의 이동 자체를 꺼려하고 자신이 현재 거주하는 방을 타인에게 보여주는 것조차 싫어하는 새로운 생활문화가 우리사회에 자리를 잡기 시작했기 때문이다.

현재와 같은 심각한 코로나 폭격의 폐허 속에서 나에게는 한 송이, 아니 세송이 장미꽃이 활짝 피었다. 협회분회장 업무 때문에 사무실 근처 다른 부동산을 방문해서 상담을 하고 있었는데 직원에게서 전화벨이 울렸다. 정말 급한 일이 아니라면 문자를 보내는 직원이 전화를 걸었다는 사실에 직감적으로 '급한 일이 있나!'라는 생각을 하면서 전화를 받았다. 약간 상기된 목소리였다. "대표님! 언제 오실 수 있어요? 상가 손님이 오셨어요. 지금 오셔야 할 것 같습니다."

좋은 예감이 들었다. 손님에게 상가를 보여줬는데 손님이 다시 부동산 사무실로 들어갔다면 일단 그 상가가 어느 정도 마음에 들었다는 시그널이었다. 나는 발걸음을 재촉했다. 내 사무실에서 그리 멀지 않은 곳이었지만 돌아가는 길이 좀 멀다고 느껴졌다.

손님과 직원이 사무실에서 한참 대화를 나누고 있는 모습이 유리문을 통해서 목격되었다. 직원이랑 바톤터치를 했다. 손님은 두 분이었다. 중년의 여성과 젊은 남성이었다. 어머니와 아들 관계처럼 보였다. 나를 보자마자 손님은 빠른 말투로 한식뷔페 식당을 할 예정이라며, 가장 관심사인 임대조건에 대해 묻기 시작했다. 한참 동안 손님의 얘기를 들은 후, 나는 물었다.

"지금 사모님이 한식 뷔페를 다른 곳에서 운영하고 계시나요?" '그렇다'고 했다. "그럼 사모님! 아니 사장님이 지금 사업을 하고 계신다고 했으니 수용 가능하신 임대조건을 말씀해 주세요. 직원에게 들었는지는 모르겠지만 생각보다 이 상가들 분양가가 높아 임대료가 낮지 않습니다. 코로나 바이러스 때문에 임대인들의 걱정이 더 많아진 것은 사실이지만 그래도 임대조건을 파격적으로 내리겠다는 임대인은 아직 한 분도 계시지 않습니다." 실상도 그랬고 계속해서 겉도는 협상과정을 생략하고 핵심에 진입하고 싶었다. 그리고 덧붙였다.

"코로나 상황 이전에 제가 임대인들에게 받은 임대조건은 두 호실 합해서 7,000만 원에 450만 원이었습니다. 임대인들의 입장에서는 수익률이 4.5% 되는 조건입니다."

손님은 내 얘기를 경청한 후에 서로의 얼굴을 한번 쳐다보더니 이미 합의한 듯 구체적인 임대조건을 내밀었다.

"사장님! 그러면 5,000만 원에 300만 원으로 말씀해 보세요. 그리고 계약기간은 2년 6개월로 생각하고 있는데 임대인들이 계속해서 300만 원으로 조정을 안 해주면, 1년 6개월 동안은 300만 원으로 하고 나머지는 400만 원을 제시해 보세요."

나는 후보 임대인들과 협상할 때 예상되는 상황을 2단계로 나누어 분명하게 나의 의사를 표명했다. 일단 임대료 액수 자체를 떠나서 이처럼 분명하게 자신의 요구사항을 얘기할 수 있는 사람! 그 자체가 마음에 들었다. 일하기가 편하기 때문이다.

"그리고 다른 요구사항은 없으세요? 무상 사용기간은 얼마 정도 필요하세요?" 묻지도 않은 임대조건 항목을 내가 먼저 꺼냈다. '무상 사용기간' 용어 자체가 생소했는지 더 설명을 원하는 표정을 지었다. 나는 임차인들이 처음에는 언급하지 않아도 반드시 요구하는 임대조건 내용에 대해 항목별로 체크를 하면서 상담을 해 나갔다. 이제 남은 과제는 임대인이 임차인의 요구사항을 수용하도록 설득하는 것이었다.

"사장님! 그러면 제가 임대인을 설득하겠습니다. 다만, 한 가지 부탁드릴 일이 있습니다."

계약성사를 위한 중요 증표 받기

두 손님은 '무슨 부탁?'이라는 표정으로 나를 뚫어지게 쳐다보았다.

"제가 많은 상가 문의 고객들과 상담을 해 본 경험으로 임대인에게 어렵게 동의를 받아놓아도 고객이 변심하는 경우가 많았습니다. 저는 괜찮습니다. 이게 제 일이니까요. 하지만 임대인들은 제가 거짓말을 한다고 오해를 해서 결국은 고객들에게 신뢰를 잃어 다음부터 제 말을 믿으려고 하지 않습니다. 그래서 사장님 요구대로 추진하는 데 신뢰를 주는 의미에서 저희 부동산 계좌로 100만 원을 입금해 주시면 제가 일을 더 잘 할 수 있을 것 같습니다. 물론 나중에 계약체결 여부는 다시 고려해도 무방합니다. 임대인들에게도 고객이 부동산에 100만 원을 입금했다는 말씀도 당연히 알려드릴 것이며 임대인이 결정을 내리는 데 도움이 될 것 같습니다."

사실 내 말이 맞았다. 상가중개를 하다 보니 말만 무성한 경우가 허다했다. 이런 상황을 충분히 이해한다. 가족의 생계가 걸린 영업장소를 결정하는데 얼마나 신중에 신중을 기해야 하겠는가? 하지만 나도, 임대인에게도 최소한의 믿음은 있었으면 좋겠다는 나의 아이디어가 자주 빛을 발했다.

"얼마요? 100만 원? 자네! 빨리 입금시켜 드려."

중년 여성이 젊은 남성에게 지시했다. 군소리 없이 젊은 남성은 핸드폰을 들었다. 인터넷 뱅킹을 할 태세라는 생각이 들어 나도 재빨리, 하지만 매우 공손하게 책상 위해 놓인 명함함에서 내 계좌번호가 새겨진 명함 한 장을 젊은 남성 앞에 놓아 드렸다.

"땡~" 경쾌한 입금알림 문자소리가 바로 옆 내 책상위에서 울렸다. 굳이 확인할 필요도 없었다.

"그럼 제가 최대한 빠른 시간 내에 임대인 동의 여부를 알려 드리고 만약에 임대인들과 조건협의가 잘 안되면 회신과 함께 100만 원 바로 돌려드리겠습니다."

두 고객은 장모와 사위 사이로 현재 판교와 용산에서 각각 한식뷔페를 하고 있다고 했다. 그리고 편한 시간은 오후 3시

이후가 좋다고 하면서 사무실을 나갔다. 임대 희망 상가호실은 세 개 호실이며 상가 임대인들은 나와 자주 연락을 주고받는 사이고 한 호실 상가주는 내가 좋은 거래를 성사시킨 사례도 있어 나를 꽤 인정해주고 있는 분 이었지만 임대료 조정에 대해서는 낙관적이지 않았다.

또 다른 한분은 가족들이 4개 호실의 상가를 분양받으신 분인데 나랑 나이도 비슷하고 성격도 호탕해서 이야기 자체는 잘 될 것 같았다. '누구에게 먼저 전화를 드려야 하나!' 먼저 '호탕 상가주'에게 전화를 걸었다. 역시나 호쾌하게 전화를 받았다. 평소대로 임차 문의 상황에 대해 설명을 드리고 가장 중요한 임대조건에 대해 물었다. "사장님! 최대한 사장님이 해주실 수 있는 임대조건은 어떻게 생각하세요?"

잠시도 망설임 없이 대답이 돌아왔다.

"사장님이 잘 아시니 지금 상황에서 제가 무슨 욕심내는 조건을 제시하겠습니까? 믿고 맡길 테니 알아서 해주세요!"

너무나 시원한 대답이었지만 한편 너무 추상적인 내용이었다. 나는 이 호탕한 임대인의 성향을 잘 알고 있었기에 "3,000만 원에 130만 원 어떠세요?"라고 구체적인 금액을 제시하면서 반격에 대비하려는데, 이번에도 임대인은 "아주 좋습니다. 그 이하도 괜찮으니 이번에 꼭 좀 성사시켜 주십시오."
나의 긴장의 끈을 기분좋게 풀어버리는 것이 아닌가! 코로나
시국이 임대인을 아주 유연하게 만들었다는 생각이 들지 않을
수 없었다.

곧바로 다음 임대인에게도 전화를 드렸다. 이번에도 예상외
로 임대인은 똑 부러지게 자신의 요구사항을 밝혔다.

"최소한 160만 원은 받아야 할 것 같아요."

듣자마자 무슨 횡재를 한 기분이 들었다. 이렇게 빨리 임대
인과 임차인의 요구사항을 맞출 수 있다니! 임대료 외에 나머
지 부수적인 미세임대조건 협상을 마무리하고 지금쯤 운전을
하면서 돌아가고 있을 예상 임차인에게 바로 전화를 했다.

"잘 될 것 같습니다. 나머지 조금 남아있는 문제가 있긴 하
지만요."

임차인에게 재차 합의된 계약 내용을 문자로 보냈다. '이 문
자 내용에 동의하시면 제가 받은 돈 100만 원에 다시 100만
원을 더 제 계좌로 입금하시면 바로 임대인의 계좌를 받아서
계약금의 일부로 입금하겠습니다.' 30분이 넘지 않아서 바로
또 입금문자가 '땡'하고 울렸다. 임대인에게도 전화로 상담한
계약내용을 정리해서 문자를 남기면서 동의하시면 계좌번호

와 신분증을 보내달라고 했다. 두 임대인의 신분증과 계좌번호는 이미 알고 있었지만 그래도 다시 보내달라고 했다. 건 별로 처리하는 것이 원칙이라고 생각했기 때문이다. 임대인들은 모범생처럼 즉시 보내왔다. 나는 이런 모범생에게 100만 원씩을 보냈다. '이 금액은 계약금의 일부로서 임대인은 계약해제 시 배액을 상환하게 됩니다'라는 문자와 함께. 입금을 하자마자 임대인들로부터 답문이 동시에 도착했다.

"감사합니다."

한식뷔페 임차인과 상담을 하고 각 임대인에게 100만 원 입금까지 걸린 시간은 3시간도 안된 것 같았다. 잔금일자도 빨랐다. 이번 달 15일 뒤 잔금을 하겠다고 했다.

전쟁영화를 보면 꼭 러브스토리가 나온다. '생사의 갈림길에 놓여있는 전쟁 상황에서 무슨 사랑? 아니다! 실제로 우리나라 국민 중 1951~1953년생 사람들이 그 증거다. 아무리 어려운 상황에서도 상가를 꼭 임대하고자 하는 사람들은 항상 있다.

● **Point**

　– 좋은 상황은 갑자기 찾아오니 항상 깨어 있어라.

2-3

특별한 투자 성공 스토리

부동산을 운영하는 목적은 돈을 벌기 위해서다. 하지만 초보자가 부동산을 운영해서 단기간에 큰돈을 번다는 것은 누구나 소망하겠지만 쉽게 이루어지지 않는 것이 또한 현실이다. 부동산 중개업종의 매출 구조상으로도 어렵다. 법규상 중개보수의 상한액이 정해져 있기도 하고 일반 상품을 판매하는 경우와 달리 히트상품을 개발해서 단기간에 큰 매출을 올릴 수도 없다. 그렇다고 불법적인 방법으로 또는 고객을 속이는 방법으로도 돈을 벌어서도 안 된다. 자신만의 노하우를 개발하고 부단한 노력을 통하여 정당한 방법으로 돈을 벌어야 한다고 생각한다.

부동산을 운영하는 주체는 다른 사람보다 부동산 투자를 함에 있어 유리한 점들이 몇 가지 있다. 첫째, 투자대상 매물정보에 접근이 용이해서 풍부한 매물정보를 가질 수 있다. 일반인들도 쉽게 접근하는 포털사이트 부동산에 올라와 있는 매물정보를 통해서도 부동산을 하는 사람은 깊이 있는 고급정보를 획득할 수 있다. 나는 시간이 날 때마다 자주 네이버부동산이나 부동산스터디 같은 부동산매물정보 사이트를 찾아 관심 있을 만한 매물 검색활동을 한다. 관심을 끄는 매물정보를 접하게 되면 매물을 보유한 해당 부동산에 전화를 한다. 다른 부동산에 전화를 걸 때는 사무실 전화를 사용한다. 왜냐하면 대부분의 부동산에서는 전화가 오면 '어디 부동산'이라고 안내표시가 되는 경우가 많기 때문이다.

"안녕하세요? 송파구에 있는 김앤김부동산입니다. 네이버 광고를 보고 전화를 드립니다." 일반광고 사이트에 공개된 대부분의 매물은 공동중개 대상이다. 하지만 특별한 사정이 있는 경우에는 공동중개 대상이 될 수 없다. 나의 갑작스런 전화에 상대방 부동산은 반기면서 매물에 대한 상세한 정보를 제공해준다. 심지어 '입금가'로 불리는 소유주의 최저 마지노선 가격 정보까지 알려주는 친절한 사장님도 간혹 만날 수 있다.

가격이 왜 저렴하게 나왔는지 숨겨진 스토리도 빠뜨리지 않는다. 정말 내게는 고급 정보가 아닐 수 없다.

생각보다 저렴하게 나온 매물은 사실 그 이유가 다 있다. 하지만 자세히 따져보면 전혀 문제가 안 되거나 문제해결의 솔루션이 나와 있는 매물도 많다. 즉 치유가 불가능한 하자는 아니라는 얘기다. 그런데 부동산 거래에 많이 익숙하지 않은 일반인들은 조금이라도 흠결이 있거나 위험하다고 생각되면 아무리 가격이 저렴하게 나온 매물이라도 눈길을 잘 주려고 하지 않는다. 절대적인 흠결이 있다면 상품가치가 없어 매물 자체가 시장에 공개되기 불가능하다. 일반인들에게는 큰 결함으로 인식되어 결정을 하지 못하고 미적대는 매물에 대해 나는 관심을 가지기로 했다. 일종의 '특수물건 매매 프로젝트'라고 해 두자. 이렇게 충분히 치유가능하고 극복 가능한 결함들은 조금만 시간과 노력을 기울이면 충분히 커버가 가능한 물건들이 많다고 생각했기 때문이다.

나의 스케줄에 맞춰 약속 시간을 정하고 매물이 있는 현장으로 임장을 간다. 매물 보유 부동산 사장님과 함께 현장을 방문하여 상세한 브리핑을 받으면 더 많은 고급정보를 얻는다. 실제 방문을 하면 거래 의지가 높다고 판단해서 최대한 많은 정보들을 제공하기 때문이다. 나는 이렇게 획득한 정보를 사무실로 돌아와서 어떻게 활용할지 연구를 한다. 덜 구체적인 계획을 더 구체화시킨다.

평소에도 나와 상담하는 고객들은 끊임없이 투자대상 물건들을 찾고 있었다. 고객들이 부동산을 방문하여 나누는 대화의 주제는 한 마디로 좋은 투자대상을 찾기 위한 정보 취득 과정이다. 아무리 좋은 물건정보를 고객들에게 소개해도 실제로 그 물건을 보지 않고 귀로만 듣는 고객의 입장에서는 시간을 내서 보러가겠다는 사람은 사실 많지 않았다. 더구나 내가 직접 가지고 있지 않은 다른 부동산 물건이라면 더욱 그러했다. 나는 솔직한 것이 가장 최선의 영업노하우라고 생각한다. 내가 직접 의뢰받은 물건이 아니면 아니라고 처음부터 얘기를 하고 시작한다. 괜히 사소한 부분에 대한 거짓말로 큰 물줄기를 놓치고 싶지도 않았고 착한 거짓말에도 썩 능한 편은 아니어서 마음편한 게 제일 좋았기 때문이기도 했다. 몇 분의 고객과의 약속을 통해 추천 매물을 소개하던 중 문득 이런 생각이 들었다. '나는 정말 괜찮다고 생각했는데, 고객들은 왜 결정을 하지 못할까? 차라리 내가 고객이 되어볼까?'라는 생각이 들기 시작했다.

임장 활동기

집에 돌아와 아내와 상의했다. 아내도 내 의견에 관심을 가지고 주말에 한번 가 보자고 했다. 매물은 마포역 근처의 단독주택이었다. 대지 31평에 건평 20평 정도의 단층 건물로 방 4개에 화장실도 2개 있고 작은 마당과 창고도 있었다. 더욱 매력적인 점은 가격이었다. 그리고 내가 이 매물을 사야겠다고 결정한 직접적인 이유는 마포역과 도보 6분 거리이며 거실에서 한강조망이 가능하다는 것이었다. 집 주변을 아내와 함께 여러 차례 답사하면서 매수의 꿈을 키워나갔다. 더구나 한강조망은 영구조망이었다. 물론 단점도 있었다. 대중교통은 편했지만 주차공간은 없었다. 대지 31평 서울시내 단독주택에 주차도 되는 집이 몇 채나 되겠는가? 이건 감수하자. 가장 취약점은 집 앞 도로가 계단길이었다. 차가 다닐 수 있는 정상길에서 집 앞으로 계단길이 아래에서 10미터 정도, 윗길에서 15미터 정도였다. 아내는 약간 고민스러워했다. 매물을 보유한 부동산 사장님은 얘기했다. "광고를 보고 이 집을 수십 명이 보고 갔지만 전부 마음에 들어하다가도 한결같이 계단길 때문에 망설였어요." 이유를 설명해주었다. 다시 등기부 등본과 토지이용확인원을 꼼꼼히 살펴보기 시작했다. 현재 소유자가 'ㅇㅇ주택'이라는 주택건설회사로서 1년 전에 구입한 것이 눈에 들어왔다. 건설회사를 검색하니 인근 마포동에 소재하는 업체였다.

'왜 집 짓는 회사가 이 집을 샀을까? 그리고 무슨 이유로 1년 안에 이 집을 팔려고 내놓은 것일까?' 셜록홈즈 흉내를 내 보았다. '아마도 이 집을 사서 신축계획을 세웠는데 어떤 문제가 생겼구나'라는 짐작이 생겼다.

신축문제에 대해서 대학원 동기가 근무하는 마포구청에 문의했다. 신축에 법적인 문제는 없다는 답변을 들었다. '그럼, 자금문제인가?' 더 시간을 지체하는 것은 안 된다는 생각을 했다. '그래 사자!' 그런데 나는 유주택자여서 사더라도 주택임대사업자로 등록하는 방법을 예상하고 있었다. 그럼에도 불구하고 대출이 문제였다. 하나씩 장애물을 넘어가고 있을 때였다. 장모님이 이 사실을 알게 되었다. 장모님은 오랫동안 마포에서 사시다가 정년퇴직 후 장인과 함께 강원도 영월에 내려가 살고 계시는데 가끔 서울 나들이를 하셨고 마포 집에 대해 관심을 가지고 궁금해 하셨다. 그래서 함께 시간을 내서 마포집 주변을 둘러보았다. 특별히 싫다는 말씀은 없으셨다. 평소에도 신중하시고 합리적인 분이시라 '긍정적'이라는 의미로 해석했다. 아내가 갑자기 제안했다. "엄마, 아빠가 현재 집이 없잖아. 영월에 있는 집은 오빠 명의로 되어있고 엄마가 연금도 나오니 대출도 문제 없을거야. 엄마 명의로 사고 우리가 투자하는 형식으로 사면 안돼? 엄마도 일부 자금을 대고 나중에 서울에 살게 되면 좋을 것 같아!"

아내가 솔로몬처럼 보였다. 아내의 제안에 동의하고 바로 매물 부동산 사장에게 전화를 했다. "사장님! 제가 사겠습니다. 가능하면 가격 좀 네고해주시고요."

처음에는 매도인이 100만 원도 조정 안한다고 했던 말이 기억났지만 매수의사를 통보하고 자신감 넘치는 말투로 가격을 조정해달라고 했다. 그리고 "사장님 노력의 대가로 인사는 잘하겠습니다." 매물 부동산 사장은 내가 처음부터 부동산을 하는 것을 알고 있었기에 내가 무슨 말을 하는지 잘 이해하고 있었다. 그리고 2시간 뒤 전화가 왔다. "사장님! 2,000만 원 네고 했습니다." 나는 준비된 계약금 2,000만 원을 집주인인 건축회사 법인 계좌로 입금하였다.

내 예상대로 현재 집주인은 신축을 목적으로 그 집을 구매하였지만 다른 사업장의 자금문제로 급하게 그 집을 매도하려고 하였다고 사정을 알려주었다. 그리고 보너스 정보 하나를 덤으로 안겨주었다. 자신이 그 집을 산 이유는 바로 옆집들이 도로에 접한 국유지 위에 지어진 구청에 무허가건축물로 등재된 집들이어서 나중에 이 무허가 건물을 매입한 후 국유지를 불하받아 일대를 개발하겠다는 계획을 가지고 있었다는 것이었다. 놀라운 고급정보였다. 내가 평소에 찾고 있었던 딱 그런 매물이었다. '이 주택회사의 계획을 내가 대신 실행할 수도 있겠구나!'라는 기대가 생겼다.

계약금을 지급하고 중도금으로 3,000만 원을 더 지급하는 조건으로 계약을 체결하였는데, 중도금을 지급일 전에 주었으면 하는 매도인의 희망사항에 따라 중도금 지급일 전날 중도금을 지급하고 매도인으로부터 '중도금을 먼저 주셔서 감사합니다'라는 회신까지 받았다. 그런데 당초 중도금 지급일 오후 늦게 매도인으로 부터 전화가 왔다.

'무슨 일이지?' 매도인은 나의 사무실로 찾아와서는 다소 엉뚱한 제안을 했다. "계약금의 두 배가 아닌 전체 납입금액의 두 배를 드릴 테니 이 계약을 없던 것으로 하면 안 되겠냐"는 것이었다. 이유가 재미있었다. 내가 매수 이전에 마포 집에 대

해 매수 의향이 있었던 또 다른 집짓는 회사가 뒤늦게 매수의
사를 밝혀 와서 높은 금액을 지불하고도 마포집을 사고 싶다
는 것이었다. 일단 솔직히 전후사정을 알려줘서 고마웠다. 위
약금액에 약간 흔들렸지만 나의 결정은 거절이었다. 거절사유
를 이렇게 설명 드렸다. "제안은 감사하지만 결론적으로 내게
는 큰 이익이 남지 않습니다. 왜냐하면 제안대로 나의 지불금
액의 두 배를 받는다 해도 중개보수비용 및 위약금 수령에 대
한 세금을 납부하고 나면 내 수중에 남는 금액은 3,000만 원
이 조금 넘을 뿐입니다. 짧은 시간을 고려하면 적은 돈은 아니
지만 그동안 제가 한 수고와 더구나 장모님의 기대를 저버릴
수 없습니다."

그 후 마포집은 대수선을 위한 리모델링 공사를 하였고 대
수선비용을 합한 매입금액의 52% 전세금액으로 임대에 성공
하였다.

2-4
무너지지 않는 토대 구축

●

부동산 사무실을 오픈하면서 각자의 취향에 맞게 사무실을 물리적으로 세팅한다. 영업 업무환경을 위해 필수적인 관련 업체와 업무협약도 차례차례 진행한다. 기존에 먼저 자리를 잡고 있는 경쟁자이면서 협력파트너인 인근 부동산 중개업소를 방문해서 개업인사도 해야 한다. 그리고 어느 지역에나 존재하는 친목회에 가입도 고민한다. 이밖에도 매물을 확보하기 위해 메일을 보내거나 우편물을 발송하기도 한다. 확보된 매물에 대해서는 광고를 게재한다. 손님고객을 확보하기 위해서는 사무실 유리창에 멋지게 매물정보를 게시한다. 처음에는 정말 해야 할 일들이 끝이 없다.

기본적으로 중개사무실로서 구색을 갖추기 위해서는 최소한 1년 4계절 중 최소 2계절은 정신없이 바쁘게 보내야 할 것이다. 좋은 생각이 떠오를 때마다 그때그때 실천해야지 생각만 하고 있어서는 잊어버리기 십상이다. 바쁘게 보내는 시간들이 많으면 많을수록 좋은 아이디어가 많이 생기고 사무실도 빨리 본궤도에 오를 수 있다. 그리고 자연스럽게 내 사무실에는 어떤 매물이 주력상품이 되어야 하고 손님들의 수요는 어떤 것인지를 파악하고 부족한 것과 채워야 하는 것이 무엇인지도 알게 해준다.

사무실 오픈 전에 사전 조사하고 계획한 대로 진행이 안 되더라도 전혀 걱정할 필요가 없다. 내가 지금 열심히 하고 있다는 반증으로 긍정적으로 생각하면 된다. 앞으로가 중요하기 때문이다. 나는 지금 일하고 있는 송파구 문정동에서 오픈할 때, 6개월 동안 딱 하루 쉬고 매일 출근해서 저녁 늦게까지 일했다. 잘해야 한다는 굳은 의지로 그렇게 한 것이 아니라 열심히 일하지 않으면 안 될 상황이라서 일을 미루지 않았다. 지금 생각해보면 내일로 미루어도 될 일들도 많았지만 어차피 해야할 일이고 내일은 또 새로운 다른 일이 항상 생겨서 가능하면 그날그날 일을 처리하는 것을 습관화하였다. 부동산의 업무라는 것이 하고자 하면 끝이 없고 안하려고 한다면 정말 일이 없는 것처럼 느껴진다. 참 독특한 업종의 특성이다.

내가 생각하는 부동산 영업에서 제일 중요한 요인은 고객이다. 비즈니스 세계에서는 그 누구도 부인할 수 없는 자명한 진리이다. 하지만 철저한 준비 없이 고객을 대하면 오히려 역효과가 생긴다. 고객을 맞이하기 전에 선결적으로 해야 할 일은 매물, 즉 상품에 대한 공부와 철저한 파악이 우선이다. 손님이 오지 않는다고 투덜대지 말고 그 시간에 매물 확보와 확보된 매물에 대한 연구와 학습이 매우 중요하다. 매물학습에 관해서는 양보다 질이 우선되어야 한다. 기본적인 권리관계 파악에서부터 시작하여 특히 물리적 상태 파악은 주의를 요한다. 오래된 단독, 아파트와 같은 주거 부동산의 경우에는 더욱 그렇다. 그리고 매매를 중개할 경우에는 매수인이 신축 목적으로 철거를 예상하고 매물을 구입하는 것이 아니라면 매물의 물리적 상태 파악은 최선의 노력을 기울여야 한다. 왜 그래야 하는지는 후에 자세한 이유를 얘기하겠다.

나는 이런 기본적인 사항들을 대비하고 준비하기 위한 최소한의 준비기간이 6개월은 되어야 한다고 생각한다. 신규로 개

왕초보 부동산 중개 그냥 따라하기

업하는 것이 아닌 기존의 부동산을 권리금을 주고 인수하는 경우도 별반 다르지 않다고 본다. 혹자는 권리금을 주고 기존에 운영되는 부동산을 인수하는 경우에는 쉽게 운영할 수 있다고 착각을 하는 경우가 많은 것 같은데 전혀 다르다. 이 책 서론에서 얘기한 적도 있지만 부동산 사무실의 성패는 '인삼사칠人三事七'이다. 즉 '사람의 운영능력이 30%를 차지하고 사무실 위치 등이 70%의 비율을 차지한다'는 것이 나의 주장인데 권리금을 주고 인수한 경우에는 사무실의 물적 기반은 그렇다 하더라도 운영주체인 사람은 전혀 달라졌기 때문이다. 예전의 운영자는 내가 아니라는 엄연한 사실을 망각해서는 안 된다. 고객리스트와 연락처를 인수인계 받았다 하더라도 그 고객들에게 나는 생소한 사람으로 존재감이 전혀 없다는 사실을 인정해야 한다.

생각에 따라 갈리는 사무실 운명

알려진 얘기지만 부동산을 하면서 구체적으로 어떤 수익이 발생하는지에 대해서 생소한 사람도 많을 것 같아서 부동산 중개사무실 운영 발생 수익의 유형을 분석하고자 한다. 우선, 가장 기본이 중개보수이다. 중개보수의 요율 등의 세부내용은 여기서 생략한다. 둘째, 각종 알선수수료가 있을 수 있다. 대출중개수수료, 분양대행 알선수수료업계에서는 통상 MGM이라고 부른다가 있다. 그리고 일반화시키기에는 그렇지만 청소업체 · 이사업체 · 도배업체 · 수리업체 등 소규모 자영업체를 소개해주면서 받는 소개비 등도 있을 수 있다. 특히 이런 소개비는 입주장이나 오래된 구옥들이 많은 지역의 부동산에서는 문의가 많다.

나는 위에서 언급한 중개보수와 대출중개수수료, 분양대행 알선수수료를 제외하고 소규모 자영업체를 소개하고 소개비를 받는 것에 대해 부정적인 생각을 하고 있다. '세상에는 공짜가 없다'는 말을 잘 알고 있을 것이다. 만약 청소업체를 소개해 주고 소개비를 받는다면, 해당 청소업체는 부동산에 주는 소개비만큼 청소서비스 고객에 대한 서비스 질을 떨어뜨릴 것이다. 이는 나의 100% 확신이다. 더욱 심각한 문제점으로 해당 청소업체를 소개해 준 부동산의 신뢰를 잃어버릴 위험이 높다. 만일 청소업체가 청소서비스를 만족스럽게 하지 않았을 경우에는 소개해준 부동산도 당당히 청소업체에게 어필을 할 수가 있지만 조금이라도 소개비를 받았더라면 아무 말도 할 수가 없다. 하루하루를 노동을 통해서 업계의 정해진 일당을 받는 노동자의 몫을 가져간다면, 그 노동자도 자신이 받는 만큼만 노동력을 투입하는 것이 정상적이지 않겠는가? 생각해 보면 당연한 얘기이다. 그리고 또 다른 수익유형으로 법무사 사무실 등을 소개해주고 받는 사은인사도 있다. 하지만 빈도는 높지 않다.

공인중개사 시험을 준비하면서 이미 알고 있을 내용으로 공인중개사법령에는 법정 상한액에서 정한 금액을 초과하여 수수하는 금품에 대해서 그 명칭여하를 불문하고 초과이익 수수를 금지하고 있다. 그리고 이를 어길 경우 강한 제재를 받는다는 사실 또한 잘 알고 있을 것이다. 사람들은 이상한 심리의 발현으로 금지하면 더 하고 싶은 마음이 생긴다. 한 두 번의 성공담은 나쁜 습관을 만들기 쉽다. 경계해야 할 대목이다. 중개보수 상한액 초과 수수 금지의 유일한 예외가 특별한 비용의 발생 시에 청구할 수 있는 실비청구가 있다.

부동산 중개업계를 바라보는 일반인의 시각은 갈수록 예민해지고 있다. 특히 중개보수에 대한 국가의 정책방향은 중개사들의 입지를 더욱 좁히고 있는 것 같다. 서투른 상황에서 욕심을 부리지 않았으면 한다.

'부동산 컨설팅'이라는 단어를 들어본 적이 있을 것이다. 단도직입적으로 부동산 컨설팅은 우리 공인중개사가 하는 부동산 중개와는 전혀 다른 영역이다. 비슷하지도 않다. 부동산 컨설팅은 누구나 할 수 있다. 물론 자격증도 필요 없다. 하지만 부동산 컨설팅과 관련하여 주의해야 할 점이 있다. '고액의 컨설팅 수수료' 수수의 문제이다. 통상 부동산 컨설팅은 고액의 컨설팅비를 수수함으로 인해 문제가 되는 경우가 빈발하고 있다. 부동산중개 업무를 하면서 자연히 부동산 컨설팅을 수반하는 경우가 많다. 컨설팅 수수료 문제가 발생한다면 이렇게 정리하면 될 것 같다. 우선은 법정 중개보수 이외에 부동산 컨설팅 명목으로 금전을 수수하지 않으면 좋을 것 같다. 만약 컨설팅비를 별도로 수수할 상황이 생길 것 같으면 별도의 부동산 컨설팅 사업자를 내야한다. 그리고 반드시 세금계산서를 발행해야 한다. 부동산 중개와 관련하여 발생한 특별한 비용은 정식으로 실비항목으로 수수하고 영수증을 중개보수와 분리하여 발급하는 것이 좋다.

현업에서 활동을 오래 하신 중개사들은 본업인 중개업무보다 컨설팅업무의 비중을 늘려가는 경향이 있는 것 같다. 고객과의 중개보수 문제로 실랑이 벌이는 것도 귀찮고 또 상대적으로 고액인 컨설팅비에 관심이 더 생길 수밖에 없는 이유 때문이라고 생각한다. 하지만 모든 것에는 대가가 따른다는 이 세상의 이치를 잊어서는 안 될 것 같다. 특히 초보중개사들에게는…. 더욱 더 주의를 요한다.

● P o i n t

– 손님보다 확보 매물에 대한 철저한 파악이 무엇보다 우선이다.

– 최소한 6개월은 미친듯이 일해라.

– 중개보수 이외의 소개비 수익은 '독'이 될 수 있다.

2-5

성공을 위한 포석

직접적으로 부동산 중개활동과 관련은 없지만 성공적인 부동
산 운영을 위한 포석으로 생각하는 나의 경험사례들을 몇 가
지 얘기하고자 한다. 첫 번째, 나는 2007년도에 모 관광레저
공기업을 다니면서 회사와 나의 업무와는 전혀 무관한 대학
원 부동산학과에 입학을 하였다. 당시 회사는 매우 잘 나가는
상황이어서 직원들의 자기계발에 적극적인 지원을 하고 있었
다. 대부분의 직원들은 관광계통의 대학원 학과에 지원하였
지만 나는 다른 길을 택했다. 직장에 대한 만족도가 낮은 편도
아니었고 하고 있는 업무자체도 싫지 않았지만 막연하게 부동
산 분야에 관심이 갔다. 그러면서 앞으로 우리 회사에서도 부

동산 분야에 관심을 가져서 직원들 중에서 부동산 전공자를 찾을 것이라는 근거 없는 희망을 스스로 부여하면서 나의 선택을 합리화했다. 회사에서 대학원을 진학한 직원들에게 지원해주는 등록금 50% 지원이라는 전폭적인 장학금 혜택도 내심 기대하였다. 하지만 나의 야무진 생각과는 달리 25명의 등록금 지원 심사대상에서 나를 포함해서 2명만이 탈락을 했다. 회사업무도 열심히 하고 근무평점도 잘 받고 있던 상황이라 탈락소식에 기분이 영 안 좋았다. 탈락 이유를 알아보니 부동산학 분야가 회사 업무와 무관한 분야라는 이유였다. '내가 너무 일방적으로 상상의 나래를 펼쳤나?' 결과를 깨끗이 수용하면서, 대학원 5학기 내내 자비로 대학원 석사과정을 수료하였다. 그러나 졸업을 위한 논문은 2009년 수료 후 2018년이 되어서도 마무리 하지 못한 상황에까지 이르렀다. 핑계는 많았다. 내가 하고 있었던 일과 부동산이 전혀 연관성이 없어서 석사논문을 마무리해야 한다는 굳은 마음가짐도 필요성도 생기기 않았기 때문이다. 그러던 어느 날이 찾아왔다.

부동산 업무는 바쁘기도 하지만 생각을 달리하면 개인적으로 얼마든지 시간을 낼 수도 있는 업종이라는 생각이 들기 시작했다. 약간 여유로운 상황이 되자 '의미 있는 어떤 것을 하면 좋을까?'를 고민하면서 생산적인 일에 시간과 에너지를 투자하고 싶어졌다. 열심히 노력은 하였지만 구체적인 결실이 없는 것처럼 허무한 것은 없다. 과정이 아무리 중요하더라도 결과가 불확실하다면 선뜻 시작을 하기도 쉽지 않다. 시간도 돈만큼 중요하기 때문이다.

대학원 논문과정은 의지만 가지고 쭉 밀고 나가면 결론이 나온다는 생각이 들자 오랜만에 대학원 지도교수님 연락처를 찾았다. '교수님 오랜만입니다. 저 김철수라고 부동산 대학원 1기생입니다. 마무리 하지 못한 석사논문 문제로 교수님께 면담을 요청합니다'라는 문자를 먼저 보냈다. 한 시간 뒤 교수님의 답문이 왔다. '이번 학기에는 꼭 마무리해야지' 하면서 결심을 되새겼다. 그리고 오랜만에 학교 홈페이지로 들어가서 그동안 소원했던 학교 소식들을 검색하였다. 그러던 중 학칙을 보게 되었는데, 2009년 수료 후 학칙이 여러 번 개정되었다. 개정된 학칙내용을 읽어가던 중 옛날에는 없었던 반가운 개정 내용을 확인할 수가 있었다. 나처럼 학위논문과정으로 입학을 하였지만 논문을 마무리 하지 못한 학생들을 대상으로 다시 1학기 수업을 듣고 9학점을 취득하면 논문대신 석사학위 취득이 가능하였다. "와~" 나도 모르게 탄성이 나왔다. 학교로 전화를 걸어 재확인까지 했다. 지금부터는 졸업 가능성을 높이기 위해서 조금의 변수라도 낮추는 안전한 방법을 선택하기로 했다.

교수님께도 논문을 대신하는 나의 계획을 말씀드렸고 흔쾌히 동의를 해 주셨다. 1학기 동안 수업을 듣고 시험을 보고 졸업 리포트를 제출하여 감개무량하게 2007년 입학 후 12년 만에 부동산 석사학위를 바쁜 부동산 중개업을 하면서 마무리하였다. 정말 오랜만에 나 스스로가 느껴보는 성취감이었다. 그리고 내친김에 더 욕심을 내기로 했다.

마지막 한 학기 수업과목 중에 '조사방법론'이라는 통계과목이 있었다. 통계는 논문작성에 필수적인 과목으로 내 입장에서는 굳이 생소한 통계과목을 선택할 필요가 없었지만 어쩌면 내 삶의 마지막 학교수업을 기념하기 위해서 용감하게 수강신청을 했다. 그런데 걱정에 비해 실제 통계수업은 전혀 힘들지가 않았다. 오히려 재미있었고 다른 수업과목보다 더 집중했다. 그러면서 통계과목에 대해 묘한 매력이 내 마음 속에서 느껴지기 시작했다. 기말시험 성적도 아주 잘 나왔다. 1학기 수업과목은 총 세 과목이었는데, 그 중 한 과목을 담당하는 외부

교수님과 우연한 대화에서 석사 이후 나의 다음 계획이 대화의 주제가 되었다. '…….' 생각하지도 못한 질문을 받은 것이었다.

그날 이후 새로운 고민이 생겼다. 잠을 잘 때도 석사 이후의 진로에 대해 고민을 하고 있던 중, 정말 우연의 일치처럼 거의 동시에 아내가 "여보! 당신 박사과정에 입학 어떻게 생각해요?"라고 뜬금없이 말하지 않는가! 직전에 나도 아내에게 "나 박사과정 입학해 볼까?"라고 조심스럽게 툭 던지고 싶었던 참이었다. 정말 기막힌 우연의 일치였다.

과감한 행동실천

살면서 정말로 나는 한 번도 박사과정을 생각을 해본 적이 없었다. 공부 자체를 싫어하는 편은 아니지만 '박사를 받아 뭐해?'라는 소극적인 결론을 일찌감치 내린 상황이었기 때문이다. 정말 알 수 없는 게 사람의 인생이라고! 그때와 지금은 상황도 사람도 많이 바뀐 것을 느낄 수 있었다. 박사는 석사과정과는 달리 필수적으로 논문을 써야 한다. 논문에 가장 중요한 방법론 습득이 통계학이라고 생각했다. 그런데 내가 최근에 통계학 수업을 들었고 과목 만족도도 괜찮았고 성적도 좋았지 않았는가? 내 의지만 굳건하면 나도 할 수 있다는 생각이 들었다. 결심이 서자 한 학교에만 원서를 제출하였고 2019년 3월 나는 드디어 부동산 박사과정에 입학을 하게 되었다. 지금은 코로나 사태로 인해 온라인 수업을 받고 있지만 그 전까지 열심히 다녔다. 2019년 한 해 동안의 학교 수업내용도 나의 부동산 업무에 큰 도움이 되었다. 무엇보다 고객들과의 상담과정에서 더욱 자신감이 생겼고 상담의 내용도 풍부해지는 것을 나 스스로도 느낄 수 있었다. 고객들의 반응도 물론 좋았다.

두 번째 실행으로 나의 사무실 인근지역에는 기존의 부동산 사장들이 '××회' 라는 이름으로 친목단체 같은 부동산 중개업소 회원제가 운영되고 있었다. 무슨 일을 하는지 특별히 관심을 두지 않았기 때문에 내가 가입을 해서 활동하는 것 또한 전혀 고려사항이 아니었다. 그런데 언제부터인가 이상한 분위기가 감지되기 시작했다. '××회' 친목회에 가입하지 않은 비회원에게는 불이익이 생길 것이라는 소문이 들기 시작했다. 예상되는 불이익이란 뻔한 얘기였다. 회원끼리만 공동중개를 하고 비회원은 배제하며, 만약 회원 중에 비회원과 거래를 하면 그들이 정해놓은 회칙에 따라 거래한 회원도 패널티를 부과함으로써 결국은 비회원의 영업을 방해하겠다는 것이었다. '울며 겨자 먹기' 식으로 가입을 하든지 아님 대응책을 마련해야 할 것 같았다. 최소한의 방어력은 필요했다.

그러던 와중에 공인중개사협회 중앙회 회장 선거 및 지역 조직장 선거 시즌이 돌아왔다. 방어력을 키우기 위해서 조직장 선거에 출마할 결심을 하였다. 입후보 자격에 관한 회칙내용을 검토해 보니 나는 지부장이나 지회장 피선거권은 자격요건이 미달이었다. 등록 경과연수가 조금 부족했다. 오직 분회장만 입후보 가능했다. 분회장은 '통장' 정도로 이해하면 된다. 통상 분회장은 선출된 지회장이 임명권을 갖지만 나처럼 분회장에 직접 입후보 하는 경우에는 전국적으로 매우 희소한 경우였다. 곧 입후보 절차에 돌입했다. 각종 입후보자 증빙자료를 해당 기관에서 발급받고 기탁금 10만 원과 함께 봉천동 중앙회 사무실에 접수를 하였다. 예상대로 나 혼자 입후보를 하였다. 무투표 당선을 한 것이었다. 아무런 권한은 없고 협회 전달사항 연락업무가 주된 업무인 그야말로 봉사직이었다. 하지만 나는 우리 분회 지역 내에 존재하는 '××회'의 횡포와 잘못된 그들의 행동에 대해 충분한 방어력을 갖추었다고 생각하면서 나의 결정에 만족하였다.

분회장이 되고 나서 두 달 뒤쯤 협회에서 전화가 왔다. "분회장님! 혹시 '검찰청시민위원회' 위원으로 활동할 생각이 없으세요?" 검찰청에서 관내 민간 유관기관의 추천을 받아 검찰시민위원 후보자를 추천받는다고 해서 협회에서는 "나를 추천하고 싶다"며 의향을 물어왔다. 추천하고자 하는 성의와 추천한다고 된다는 보장도 없다는 얘기에 선뜻 감사의 뜻을 전달했다. 그런데, 2개월 뒤인 12월에 검찰청에서 문자가 왔다.

'귀하를 검찰시민위원회 위원으로 선정됨을 알려드립니다. 서울동부지방검찰청'

위촉장을 받으러 검찰 청사 안을 인생에서 처음으로 들어가 보았다. 검사장님과 오찬을 함께 하는 좋은 시간도 덤으로 생겼다.

● P o i n t

─ 최상의 휴식과 힐링은 자기계발 과정이다.

PART

3

알면 알수록
힘이 된다

3-1

귀 보다 눈이 먼저

일을 하다 보면 자주 새로운 계약상황을 맞이하게 된다. 한 번쯤은 들어 본 것 같기도 하지만 막상 닥치면 어떻게 문제를 풀어나가야 할지 정리가 잘 안 되는 경우이다. 이럴 때는 주변의 가까운 부동산이나 평소 해박하다고 생각하고 있는 지인에게 자문을 구한다. 자문의 효과로 서 도움이 되기도 하지만 여전히 찜찜한 기분은 좀처럼 가시지 않는다. 조금이라도 애매한 상황이 완전히 제거되어야 자신감을 가지고 계약진행을 계속해서 추진할 수 있기 때문이다.

'약국 독점상가' 또는 '편의점 독점상가'라는 말을 들어 본 적이 있을 것이다. 말 그대로 해당 상가는 약국이나 편의점을 배타적으로 입점시킬 수 있는 권한이 전속적으로 소유권에 포함되어 있다. 따라서 같은 복합건물의 다른 상가들은 약국이나 편의점을 입점시킬 수 없다. 어떤 복합 상가를 구분하여 분양할 때, 분양 시행사가 약국이나 편의점과 같은 대체로 영업이 안정적인 업종을 대상으로 독점 입점권을 부여하는 경우가 있다. 수분양자의 이목을 끌어들이고 타 일반상가보다 훨씬 높은 분양가로 분양하고자 하는 일종의 '분양 마케팅 기법'이다.

정상적인 절차를 거쳐서 일정한 요건을 갖추었다면 당연히 법적으로 독점권은 보호받는다. 따라서 독점권이 없는 상가가 만약에 약국이나 편의점을 입점시킨다면 상당한 금액의 손해 배상책임을 부담함은 물론 임의로 계약한 편의점 임차계약도 결국은 무산될 수 밖에 없다. 그리고 이를 중개한 부동산도 중개 책임에서 벗어나기 쉽지는 않다.

이러한 독점상가에 대한 확인은 어떻게 하는 것일까? 거래를 위해 기본적으로 검토하는 공적 장부인 등기부 등본이나 건축물 대장에서는 '약국 독점'이라는 단어를 찾아볼 수 없다. 그렇다면 '권리 주장자가 자신의 권리를 입증해야 한다'는 일반론으로 돌아가서 독점상가주인 임대인이 입증해야 할 것이다. 구두의 방법으로는 안 된다. 반드시 서류 문건으로 확인해야 한다. 서류라는 것도 임대인 자신이 임의로 작성한 형태가 아닌, 정식의 분양계약서 형태 등으로 존재해야 한다.

중개사의 중개대상물에 대한 중개책임은 모든 사실을 전지전능하게 알고 있어야 할 것을 요구하지 않는다. 공적장부 등에 기재된 사실과 권리관계의 확인과 임대인만이 알고 있는 독점권 상가와 같은 특수사실에 관한 객관적 서류 등에 대해서만 확인하면 된다. 오직 임대인만이 확인시켜 줄 수 있는 독점상가의 권리존재 문서를 확인하는 데 있어서는 좀 더 엄격한 검토과정이 필요할 것 같다.

독점업종 입점권한이 있는 상가의 실제 임대사례를 살펴보자. 먼저 결론을 말하면, 판례는 '분양계약서 원본에 00업종 독점입점 문구가 명시적으로 기재되어 있거나, 정식으로 성립한 상가 관리단 같은 공식기구에서 자신들의 자치협약에 의해 입점 상가의 업종 및 점포 수 제한 등의 방법으로 먼저 독점권을 확보한 경우'에만 독점 업종 권한이 있다고 판시하고 있다. 따라서 판례에서 인정하고 있는 두 가지 경우가 아니라면, 법적으로 독점업종 입점 권리는 없는 셈이다. 법적효력 인정 기준이 분명함에도 독점권을 주장하는 상가주는 자신만의 임의 근거자료를 통해 독점권을 고집하고 결국은 소송까지 가서 패소의 쓰라림을 맛보게 된다.

독점권 업종 임대사례

유명 브랜드 편의점이 편의점 독점 상가에 임차를 했다. 임차인은 편의점 본사가 계약을 하고 투자자가 운영을 하는 형식이었다. 2년의 계약기간이 만료될 즈음 편의점 본사에서는 당초 예상한 매출이 나오질 않자 임대인에게 임대료 조정을 요청했다. 1억3,000만 원 보증금에 680만 원 이라는 임대조건을 정확히 얼마까지 조정해 달라고 요청했는지 확인할 수는 없었지만 임대인은 일언지하에 거절하였다. 한 푼도 내려줄 수 없다는 강경한 입장을 고수하였던 것이다.

관련 상황을 부연설명하면, 편의점 입점과 관련하여 편의점 업체 간의 경쟁이 심해지자 담배 소매권 신규허가를 기존 사업장에서 100미터 이내에는 낼 수 없게 관련 법 개정이 된 직후였다.

임대인의 강경한 태도는 두 가지 근거에서 시작되었다. 자신의 상가만이 편의점 독점 입점권을 가지고 있고 담배 소매권 제도의 변경으로 편의점 본사는 자신의 가게가 아니면 다른 가게에서는 편의점을 열 수 없으며 담배 소매권 때문에 다른 건물에도 들어갈 수 없다는 사실과 이미 다른 건물들에는 담배 소매권이 있는 편의점이 입점하고 있어 자신의 상가에서만 계약기간을 연장할 수밖에 없다는 사실을 이미 알고 있는 듯 했다.

편의점 본사 담당직원이 내 사무실로 내방했다. 같은 건물에 있는 이전 예상 호실의 임대인도 함께 참석했다. 나는 우선, 현재 편의점 자리가 정말 독점권이 있는 상가인지 사실 확인을 해보기로 했다. 임차인인 편의점 본사는 계약당시 다른 서류는 확인하지 않고 단지 편의점 독점권이 있다는 임대인의 주장만 들었다고 했다. 그랬을 것 같았다. 임대 계약서에는 등기 전이면 분양계약서를 첨부하지만 등기 후에는 소유권을 확인하는 등기부등본만으로 가능하니 이해가 되었다.

편의점 업종은 건물이 준공되면 제일 먼저 위치를 선정해서 등기 전에 이미 편의점 입점 여부가 확정되었을 것이고 상가주는 잔금을 먼저 치고 등기를 완료했을 가능성이 높았다. 일단 편의점 입점 상가주를 통해서는 독점사실 확인이 어려울 것으로 상황을 정리했다. 설사 문의한다 하더라도 확인시켜 줄 리가 없었기 때문이다. 다음으로 상가를 분양한 시행사를 접촉하기로 했다. 편의점 이전 예상 상가주도 분양을 받은 상태라 시행사와는 연락이 되었다.

시행사 관계자와 만난 후 좋은 정보를 획득했다. 분양 당시에 분양계약서에 '편의점 업종 독점권'이라는 문구의 삽입을 분양 마케팅 담당자가 강력하게 요청한 사실이 있었지만, 시행사에서는 완강히 거절하였다는 것이었다. 나는 속으로 쾌재를 불렀다. '그렇다면 편의점 임대인은 무엇을 근거로 독점권을 주장할까?'를 고민했다. 아마 모르긴 몰라도 무엇인가 자료를 가지고 있음이 분명했다. 편의점 본사 직원과 이전 예정 상가 임대인이 돌아가고 나서 사무실에서 골똘히 생각을 하였다. 그러던 중 2년 전쯤 해당건물의 다른 호실의 상가주가 내게 보여준 자기 소유 상가가 약국독점이라는 자료가 생각났다. 한동안 열어보지 못한 캐비닛에 보관중인 각종 자료를 들추기 시작했다. 다행히도 찾는 자료가 있었다. 내용을 자세히 살펴보니, 별지 형태로 '본 호실은 약국독점입니다'라는 문구가 선명하게 적혀있었다. 그런데 작성주체가 나타나 있지 않았다. 단지 '약국독점'이라는 문구가 새겨진 면만을 내게 보내

준 것이었다. 함께 보내온 분양계약서 사본도 있었다. 분양계약서 사본에는 그 어떤 독점이라는 내용이 없었다. '이게 무슨 상황이지?' 고민하는 사이 불현듯 생각나는 것이 있었다. 시행사 담당자가 이전 예상 상가 임대인에게 한 말 중에 '분양대행사 담당자의 간곡한 요청'이라는 대목이었다.

  분양당시 상황이 내 머릿속에 그려졌다. 분양을 촉진하기 위해 시행사와 계약한 분양 대행사가 분양업무를 전담하면서 약국과 편의점에 대해서는 독점권이라는 혜택으로 분양을 하였고 수분양자의 독점권 확인 요청에 따라 시행사에 분양계약서에 독점권 문구 기재를 요청하였지만, 시행사가 거절하니, 분양대행사는 대안으로 별지의 형태로 독점권을 기재한 문서를 제공하였다라는 추측 시나리오가 완성되었다. '그럼 다른 호실은 어떻게 독점권을 인정했을까?'라는 새로운 의문이 생겼다. 이전 예상 상가주에게 다시 전화를 걸었다.

  "사장님 혹시 사장님은 어떻게 현재 편의점 입점호실이 독점이라는 사실을 알게 되었습니까?" "당시 기억은 잘 나진 않지만 분양하는 사람이 분양계약서 체결하고 나서 별지로 '자신의 상가는 약국이나 편의점을 유치할 수 없다'라는 별도 확약서에 서명하라고 했어요." 이렇게 알려주었다.

다음 단계로, 내가 알고 있는 다른 호실의 상가주에게 오랜만에 안부전화를 드렸다. 이 상가주는 이미 임대가 맞춰져서 특별히 통화할 일이 없음에도 흔쾌히 전화를 받아 주었다. 다시 이전 예상 상가주에게 전화를 드렸다. "사장님! 죄송하지만 관리사무소에 한 번 가셔서 독점권과 관련된 내용을 알아보세요."

상황실장처럼 이전 예상 임대인은 즉각적으로 행동했다. 작전은 대성공이었다. 알아보니 전체 분양받은 상가주 중에 20%만 협약서를 작성해 주고 나머지는 전혀 무관하였다.

이제 할 일은 그래도 아직까지 걱정이 남아있는 이전 예상 상가주의 결정과 편의점 본사의 변심만 없으면 되는 일이었다. 해당 주상복합은 아직까지 정식의 상가 관리단도 꾸려지지 않은 상황이었다. 편의점 본사 직원은 다시 내 사무실로 찾아와서, 몇 가지 필요한 확인서를 이전 예상 임대인에게 제출할 것을 요구하여 받아서, 본사로 돌아가서 정식의 내부 품의를 올리겠다고 했다.

본 사례는 지금까지도 진행 중인 사례여서 결말이 어떻게 날지 매우 기다려진다. 강조하고 싶은 것은 특정 업종 독점권에 대한 확실한 법적 보호장치에 대한 확인의 중요성이다.

본 사례와 관련하여 나의 기대를 더 부풀게 만드는 희소식이 들려왔다. 몇 개월 전에 인근 지역에서 커피전문점 녹섬 분양 상가주가 본 사례와 유사한 케이스로 독점권 소송에서 패소하여 두 곳이나 커피 전문점이 입점하였다는 소식이다.

부동산은 귀보다 자신의눈으로 확인하는 습관을 길러야 한다는 교훈을 주는 사례이다.

● P o i n t

― 백문이 불여일견

　서류는 법적효력있는 서류여야 한다.

3-2

중개보수 잘 받기

여러 차례 언급하지만 부동산 운영수익은 중개보수가 대부분
이다. 초보 중개사들은 부동산의 주 수입원인 중개보수를 받
는 것에만 집중해야 한다. 괜히 다른 부수입에 눈을 돌려 에너
지를 쏟아서는 안 된다. '소탐대실' 하지 말라는 얘기이다. 열
심히 중개해서 거래를 성사시켰을 때, 이제 남은 일은 중개보
수를 잘 받는 일만 남았다. 중개보수를 받는 일은 쉽다면 쉽
고, 어렵다면 매우 어려운 과정이다. 왜냐하면 법이 잘못 규정
되어 있는지, 중개보수 수수 관행이 후진적인지 좀 더 연구가
이루어져야 하겠지만 중개보수를 받을 때는 종종 한바탕 실랑
이가 벌어진다.

공동중개가 아닌 일명 '양타'라 불리는 두 명의 고객임대인과 임차인으로부터 중개보수를 받는 상황을 설정해보겠다. 손님 고객인 임차인과의 중개보수 수수과정은 상대적으로 무난하다. 손님고객과는 면담 시부터 계약 성사과정까지 함께 움직이면서 중개사가 하는 모든 과정을 직접 목격하여 중개사의 노고를 잘 알고 있다. 또한 중개사가 매물고객인 임대인과 협상하는 과정을 지켜보면서 때로는 안쓰러운 광경에 연민의 정도 느끼게 된다. 하지만 아무리 중개사가 힘들게 일한 과정을 목격했다고 하더라도 중개보수를 상한까지 선뜻 주려고 하지 않는다. 십중팔구는 조금 깎아 달라고 요청한다. 이럴 때 중개사는 무리한 액수가 아니라면 바로 깎아 주어야 한다. 남아있는 임대인과의 협상과정에 투입할 힘을 축적하기 위해서도 현명한 처신이다. 임대인과는 평소에도 안면이 있고 많은 상담과정을 겪은 사이지만 임대인의 중개보수액은 대체로 박하다. 이유로는 주로 자신이 내야 할 세금이 많다는 둥, 요즘 돈 지출해야 할 일이 많다는 등 중개보수와 아무런 관련이 없는 자신만의 타당성이 결여된 주장만을 쏟아낸다.

나는 중개보수를 깎아 달라는 사람들의 심리자체는 이해가 간다. 하지만 그러기 위해서는 고객들도 최소한의 예의를 갖춘 상태로 타당한 이유를 제시해야 한다고 생각한다. 단순무식하게 중개사는 가만히 앉아서 임대인의 재산으로 돈을 벌고 있다는 이상한 논리를 펼치거나, 당초 중개의뢰를 할 때 보여주었던 좋은 모습과는 정반대로 변신하는 카멜라온 같은 사람들에게는 순순히 응하고 싶지 않다. 그러면서 '나도 부동산 중개업을 하는 사업자이고 임대인도 임대사업을 하는 사업자로서 같은 사업자끼리 예의와 상도덕은 지켜야 되는 거 아닌가?'라는 생각이 밑에서 올라오기 때문이다. 임대인과 중개보수를 놓고 옥신각신하면서 결국은 합의안이 도출되어 마무리 되지만 암튼 기분은 영 개운하지가 않다. 단순히 금액이 줄어서만이 아니다.

협상의 기술과 특별한 노력

나의 중개보수 협상과정을 소개하고자 한다. 무리하게 중개보수를 깎아 달라는 상가 임대인들에게는 중개사와 임대인의 관계가 일반사업자간의 사업파트너라는 관계설정을 먼저하고 "상가는 한 번 임대가 되면 최소한 10년간은 저랑 볼 일이 없습니다. 오히려 저는 사장님을 대신해서 임대된 상가에 대해 온갖 잔무를 임차인에게 해 줄 책무만 남게 됩니다"라고 말하면서 10년간의 임대기간에 대한 수수료 액수의 정당함을 피력한다.

상가에 비해 오피스텔 같은 주거공간의 임대기간은 길게는 2년, 짧게는 1년이 대부분이다. 임대기간 만기가 도래하면 그 매물은 다시 부동산의 상품으로 돌아온다. 심지어는 몇 개월 만에 다시 매물로 나오는 경우가 수두룩하다. 바로 오피스텔이 중개업 시장에 효자라는 이유다. 상가는 한 번 제대로 입점하면 초기 시설비 투자와 운영기간 동안 '고객망 구축' 등의 이유로 쉽게 이전이 어렵다. 그래서 개정된 상가임대차보호법에서도 5년간의 계약갱신기간을 10년으로 연장해서 임차인을 보호하고 있다. 따라서 임대인의 입장에서는 안정적으로 10년 동안 임대료를 받을 수 있는 기회가 주어진다. 실상이 이러함에도 임대인들은 오피스텔처럼 2년 혹은 1년 마다 상가 임대를 의뢰할 테니 중개보수를 많이 깎아 달라고 집요하게 요구한다. 질긴 협상과정의 마무리가 필요하다.

나는 대부분의 상가 중개보수를 0.9% 요율로 받는 것을 원칙으로 정했고 실제로도 90%정도는 그랬다. 나머지 10%에 해당하는 경우에도 중개 과정의 난이도 및 임대인의 협조에 의

한 거래성사 기여도에 따라 중개 보수료를 조정해 주었다. 일반 주거부동산에 비해 상가중개는 성사 확률이 10%도 안 된다. 즉 100번을 보여주면 10번 미만으로 거래 성사가 된다는 얘기다. 그것도 양타보다 대부분이 공동중개형식으로 이루어진다. 감사하게도, 나는 나의 입점 상가 건물의 상가 20% 정도의 실적을 기록했다. 입점 덕도 있었지만 조금 다른 관리방법을 선택했기 때문이라고 생각한다. 일반적으로 상가 매물관리는 지역이 광범위하다. 넓은 지역을 관리하다보니 매달 고정적 광고비 지출이 많다. 그리고 별도의 상가 전담 직원도 두는 경우가 많다. 하지만 나는 나만의 방식을 유지했다. 일단 상가 매물 관리영역 범위를 내 사무실과 인접한 4개 단지 건물로 좁혔다. 그리고 잠깐 산보를 할 여유가 생길 때마다 상가 매물 관리지역을 주기적으로 순회했다. 운동 겸 임장활동이라고 생각했다. 1층 상가는 자연스럽게 공실에 대한 변동 상황을 쉽게 파악할 수 있었지만, 지하나 2~3층 상가는 의지를 가지고 찾아가 보아야 한다. 그리고 상가 건물주와도 주기적인 통화를 시도하였고 단체문자를 통해 현재의 상가임대 상황에 대한 소식도 알려주었다. 일종의 상가 전체의 실시간 임대 현황정보를 제공해 주었다.

예를 들어, 1층에 신규로 어떤 업종이 입점을 했는지, 전체 상가의 입점율은 어느 정도인지 상가주들의 관심사항에 대해 알려주었다. 상가주들은 전국에 걸쳐서 거주하고 있었나. 어렵게 대출을 받은 상태라서 '공실 포비아'가 컸다. 따라서 나의 정보제공은 상가주들에게 조금은 위안을 안겨주었던 것 같다. 나도 고객관리 수단으로는 괜찮은 방법이라는 생각했다.

상가나 오피스텔은 수익상품이다. 특히 상가는 거래금액이 고가이다. 고객과의 상담과정 중에 고객은 "내가 지방에 살고 있어 자주 서울에 올라가지 못하는 형편이라 사장님께서 잘 알아서 빨리 임대를 맞춰달라"라는 요구 사항이 한결 같았다. 내가 만난 고객들 중에는 심지어 텔레비전에서 자주 본 유명인도 있었고 국가대표 빙상선수와 전직 국회의원 그리고 유명한 영어강사 등 매우 다양했다.

다시, 중개보수 관련하여 한국 굴지의 건설회사 경리부장과의 협상일화를 소개하고자 한다. 공사현장 인근에서 사무소 용도로 사용할 공간의 임대를 의뢰받았다. 전용 100평 정도가 필요하다고 했다. 그런데 공사현장 근처에는 그 정도의 공간이 되는 호실을 찾기가 사실 불가능했다. 나에게 주어진 시간은 2주 정도였다. 2주 안에 결정이 내려져야 하는 임차인의 내부사정이 있었기 때문이다. 내가 적당한 곳을 발굴하지 못하면 이 임차인 고객은 다른 부동산으로 갈 수밖에 없을 것 같았다. 궁리를 거듭하던 중 한 곳이 떠올랐다. 그런데 문제는 현재 그 상가는 한창 운영을 하고 있는 영업 중인 식당이었다. 그런데 외견상으로는 성업 중이지만 사실 내부사정은 복잡하다는 정보를 나는 알고 있어서 한번 시도를 해 보기로 했다. 그 식당의 임대인은 자주 우리 사무실에 들르시는 분이었다. 언젠가 그 분이 내게 한 말이 생각났다. '식당이 두달치 임대료를 항상 밀린 채 월세를 내고 있어서 해지도 못하고 골치가 아프다'는 것이었다.

식당 임대인을 찾아갔다. 그간의 자초지종을 설명하고 내 계획을 제시했다. 식당이 어차피 내년 5월이 만기이고 더 이상 계약연장을 임대인이 하지 않을 것 같다는 나의 예상을 기초로 당시가 12월이었으니 식당 임차인에게 만약 지금 식당 문을 조기에 닫는 데 협조하면 식당의 원상회복 범위를 임대인이 줄여줌으로써 식당 임차인의 철거비용을 경감시키자는 제안이었다. 새로 임차할 예상 건설회사는 공사기간 3년 동안은 임대료 연체가능성이 낮아 임대인에게 전체적으로 이익이 되는 구조였다. 그리고 예상 임차인인 건설회사가 사무실을 임차해서 사용하려면 인테리어를 해야 하는데, 인테리어를 할 때 철거공사도 병행하면 철거비용 또한 줄일 수 있고 임대인은 무상 사용기간 카드를 사용함으로써 실제 비용지출을 최소화할 수 있을 것 같았다. 좀 복잡해 보이지만 모두에게 이득이 되는 구조였다. 무엇보다 임대인에게는 현재의 식당이 내년 5월 만기에 나가면 원상회복비용이야 보증금에서 담보받겠지만 공실에 대한 우려가 컸기 때문에 대기업을 임차인으로 맞이하면 3년 동안은 임대료 연체에 대한 우려가 없는 점이 최대 매력이었다.

이제 남은 문제는 두 가지였다. 한 가지는 건설회사인 임차인이 그 식당위치를 마음에 들어 해야 한다. 그리고 식당을 설득하는 어려운 과정이 남았다. 첫 번째, 건설회사 문제는 예상대로 순조로웠다. 식당이 나가겠다고 하면 임차를 하겠다는 건설회사 책임자의 구두약속도 받았다. 그런데 식당 설득을 임대인이 나더러 해줄 것을 부탁했다. '이건 부동산의 영역을 벗어나는 일인데.' 돈 벌기가 쉬운 일이 아니라는 신조 덕분에 용감해지기로 했다.

식당주인의 연락처를 받아 식당주인을 만났다. 식당의 입장에서 생기는 이득을 강조하였다. 식당 주인은 3일간만 시간을 달라고 했다. 3일이 되기 전에 임대인에게 연락이 왔다. 식당이 나가겠다고. 정말 드라마틱했다. 이상과 같은 임대과정이 있었음에도 건설회사 본사 경리부장은 중개 수수요율이 너무 높다고 저항을 했다. 자기는 0.5% 이상은 준 경우가 없다고 했다.

나는 경리부장에게 나의 입장과 역할내용을 분명한 어조로 다시 전달했다. 지난 시간 숨가쁘게 돌아간 스토리와 함께 두 달간의 무상 임대기간이 금액으로 환산하면 얼마가 되는지 등 나의 노력에 대해 각인시켰다. 경리부장은 0.6%으로 역제안했다. 나는 다시 0.65% 로 수정했다. 결국은 0.65% 수수료가 잔금날 정확히 입금되었다.

● **P o i n t**

- 평소에 꾸준히 할 수 있는 만큼만 하라.
- 보이는 것이 다는 아니다.

3-3

지역회원제의 득과 실

특정장소에 부동산을 개업하고 나면 자연스럽게 내가 개업한 지역에서 먼저 부동산 사무실을 개설한 사장들의 친목 모임인 친목회가 있다는 사실을 알게 된다. 어쩌면 개업하기 전에 이미 친목회의 존재를 알게 될 수도 있을 것이다. 신규장소에 개업을 하는 경우도 있겠지만 기존에 영업을 했던 부동산을 인수하는 경우에는 인수대금에 포함해서 회원권을 승계하게 된다.

낚시를 좋아하는 사람들은 금방 이해하기 쉬운 '포인트'라는 단어가 있다. 소위 물고기가 많이 모여 있는 자리를 예측해서 '포인트'를 알려주는데 낚시의 좋은 결과를 낼 확률이 높다.

초보자들에게는 길잡이 역할을 하는 '친목회' 가입은 얼핏 유혹적이다. 선배 경험자들에게 자문도 구하고 중개기술의 노하우도 전수 받으면 가입을 하지 않을 이유가 없을 것 같다. 다시 낚시에 비유하면, 언뜻 보기에 똑같은 바다여서 아무 곳에나 물고기가 있을 것 같은데 실상은 전혀 그렇지 않듯이 부동산 사무실을 열었다고 바로 고객이 방문하고 거래가 성사되지는 않는다. 드넓은 바다에도 물고기가 다니는 길이 정해져 있다. 그것도 계절별·상황별로 변화하면서 말이다.

주위를 둘러보면 부동산 중개업소는 널려있다. 특히 아파트 단지가 몰려있는 곳은 1층 상가 전체가 부동산으로 채워진 곳도 있다. 초보자는 이런 현상에 실망하고 낙담하기보다는 모여 있는 부동산 개수 만큼 시장성이 있다고 이해하길 바란다. 반면에 충분히 부동산이 많이 있을 법도 한데 생각보다 중개업소 숫자가 적은 곳도 있다. '시장성이 작아서 그런가? 아니면 상가 임대료가 비싸서 그런가?' 속단할 수는 없지만 둘 다 틀렸을 수도 있다.

비교적 신축에 가깝고 입주환경도 최고여서 우리나라 사람이라면 누구나 살고 싶어 하는 지역인 잠실이나 반포의 아파트 단지 주변의 부동산 중개업소 상황에 대해 얘기해 보자. 이런 단지에 있는 아파트는 부동산 경기가 아무리 침체한다고 해도 누구나 거주하고 싶어 하는 주거선호지역이다. 가격이 문제가 되어 입주를 못하는 이유는 있어도 다른 싫은 이유는 찾아보기 어렵다. 중개보수도 아파트 가격만큼이나 높다. 고객과 아무리 보수요율을 낮게 협의하더라도 다른 지역에서 받는 중개보수액에 비하면 그야말로 짭짤하다. 정말 중개업을 시작하기에 매력적인 곳이다. 이처럼 좋은 지역에 사는 사람들은 평생 이사를 안가고 이곳 한 곳에서만 살 것 같지만 인간은 이동의 습성이 있어 그렇지 않다. 같은 단지의 적은 평수에서 더 넓은 평수로, 이 단지에서 저 단지로, 자녀들 교육문제로 잠실에서 강남으로 반포로. 이주의 원인은 끝도 없다. 빈번한 이주현상은 중개업 종사자 입장에서는 거래가 이루어지는 이유이기도 하다.

그런데 왜 입점하고 있는 중개업소가 생각보다 적을까? 수준 높은 고객들을 상대하려면 실력을 갖춘 중개사들만 진출해야 해서 그런 것 아닐까? 절대 아니다. 그러면 부동산이 입점하기에는 상가 임대료가 너무 비싸지 않을까? 물론 신축이고 상권이 잘 형성되어 임대료가 저렴하지는 않다. 그렇다고 감당 못할 정도는 더욱 아니다. 그럼 이유가 뭘까? 내가 분석한 가장 주요한 원인은 문제의 친목회라는 회원제 때문이다. 경제 거래질서 측면에서 '카르텔 현상' 때문이다. 흔히 친목회는 고액의 가입비와 매월 회비 납부가 기본이다. 문제는 가입비가 지역별로 천차만별인데 잠실이나 반포의 경우 신규로 가입하고자 할 경우 수천만 원인 곳도 있다. 더욱 가관은 고액을 부담하고 가입하려 해도 처음부터 가입을 거절하는 지역도 있다. 참으로 우려스러운 상황이다.

최근에 공인중개사 관련 법률이 개정되었다. 상기와 같은 카르텔 모임에 대해 강력한 처벌조항을 넣어서 국가가 단속을 하기 시작했다. '단체를 구성하여 특정중개사나 특정중개대상물에 대해 자유로운 거래질서를 제한하는 행위를 해서는 안 된다'는 내용이 주요 골자이다. 만약 이를 위반할 경우에는 3년 이하의 징역 또는 3,000만 원 이하의 벌금을 부과하며, 양벌로 개설등록취소, 6개월간 자격정지라는 엄한 행정처분도 병과하고 있다. 2020년 2월 21일부터 법이 시행되어 이전의 행위에 대해서는 '소급처벌금지원칙' 때문에 개정 법률이 별 효력을 발휘하지 못하고 있는 것 같지만 나는 곧 시간문제라고 생각한다.

친목회라는 카르텔의 정체

친목회라는 카르텔의 위법성은 고액의 가입비 및 회비와 같은 금전적인 측면보다 그들만의 행위를 규제하는 회칙의 내용이 문제이다. 회원끼리만 공동중개를 해야 하고, 날짜를 정해서 단체로 부동산 문을 닫아야 한다. 중개보수를 담합하고 고객들을 대상으로 블랙리스트를 만들어서 정보를 공유한다. 그리고 회칙을 준수하지 않는 회원업소에게는 무시무시한 사적 제재를 가한다. 마치 80년대 뒷골목에서 학교에 안 가고 죽치면서 지나가는 착한 학생들에게 '삥을 뜯는 나쁜 형들'을 연상하게 만든다. 이것이 친목회로 포장하고 있는 회원제의 나쁜 실상이다. 물론 순수한 친목회도 많을 것이라고 확신하며 상부상조는 우리사회의 미덕으로 장려하고 싶다. 나쁜 녀석들이 장악하고 있는 물 좋은 지역에 누가 감히 신규로 부동산 개업을 시도할 수 있을까? 설마 회원 가입을 하지 않고도 독자적으로 열심히 운영하면 되겠지 하는 생각은 너무 순진한 생각이다. 중개업 자체는 정보를 파는 '정보산업'이다. 매물에 관한 정보는 생각만큼 쉽게 얻을 수 없다. 몇몇 집주인들은 가까운 중개업소를 방문해서 매물을 내놓는 경우도 있지만 소수이다.

그리고 매물정보는 나만 가지고 있을 수도 없다. 빠른 시간 내에 매물을 처리해 주지 않으면 곧 사라진다.

고객손님은 어떨까? 고객은 회원업소든 비회원업소든 누구도 선점할 수 없다. 고객의 의사에 따를 수밖에 없다. 내가 현재 가지고 있는 매물이 있더라도 고객은 바로 결정하지 않는다. 다른 매물과 비교해 보고 싶어한다. 그러면 내 부동산을 나와 다른 부동산에도 필수적으로 들른다. 그러면서 내 매물에 대한 정보를 본의 아니게 다른 부동산에 노출하게 된다. 이때 눈치 빠른 회원업소인 다른 부동산은 고객의 요구에 더 부응하는 새로운 매물이나 개선된 조건을 제시한다. 고객을 잡고 싶은 당연한 심리이다.

결과적으로 나는 그 고객을 눈앞에서 놓치게 되는 것이다. 회원들끼리는 지켜야 할 준칙이 있다. 다른 회원이 진행 중인 고객은 빼앗지 않는다. 비회원 업소는 보호대상이 아니다. 회원 업소간의 끈끈한 유대관계가 힘을 발휘하는 대목이다. 그래서 회원업소 가입이 필수가 될 수 밖에 없다. 고액의 가입비를 내고 회원업소가 되려고 해도 가입을 할 수 없는 상황에서 유일한 방법은 기존의 회원업소 자리를 억대의 권리금을 주고 인수하는 방법밖에 없다. 그런데 이런 지역일수록 부동산 매물이 자주 나오지 않는다. 지역을 달리해서 그렇게 핫한 지역이 아님에도 회원제를 운영하는 지역의 특성은 아파트 중심의 주거 밀집지역이라고 보면 된다. 시작은 순수한 친목을 통한 정보교류와 과당경쟁을 자제하고 작은 중개시장이라도 관리하고 싶은 욕구라고 생각한다. 해마다 쏟아지는 신규 공인중개사를 위한 회원제에 관한 나의 소고小考는 부동산 정책을 담당하고 있는 사람들에게도 꼭 전달하고 싶다.

부동산 개업은 '국민 자영업'이라고 생각한다. 경쟁을 좋아하는 사람은 별로 없다. 하지만 경쟁을 해야만 발전이 있다. 개인도 사회도 국가도 마찬가지다. 독점의 철조망 안에 혜택을 누리고 있는 잘못된 회원제는 이제 종말을 고해야 한다. 최근 아파트를 중심으로 부동산 폭등이라는 기현상의 원인을 부동산 중개업소로 화살을 돌리면서 거래질서위반행위를 금지하는 정부의 정책방향은 결과적으로 초보 중개사들에게는 반사적 혜택이 주어질 것이다.

나는 이 책에서 초보자가 개업을 하면 좋을 지역에 대해 얘기를 한 적이 있다. 그 이유 중에 하나가 바로 이 지역회원제의 문제점도 고려하였기 때문이다. 반복하지만 순수한 친목모임은 필요하다. 모임의 초심만 잘 지켜진다면 큰 도움이 된다. 그런데 아무리 좋은 관계라 할지라도 이익을 앞에 두면 좋은 관계가 흔들리기 쉽다. 이익이 크면 클수록 흔들릴 확률은 더 높아진다. 이럴 때 어떡할까? 만일의 경우를 상정하는 것이지만 나름의 철학을 세울 필요가 있다. 어쩌면 도덕선생님처럼 들릴 수도 있지만 초보 중개사에게 당부하고 싶다. 조금이라도 의심하는 마음이 들면 바로 해당 당사자에게 확인을 해야 한다.

물론 차분함을 유지해야 할 것이다. 믿었던 상대방 부동산 사장에게 해명의 기회를 주는 것이다. 그럼에도 나아지지 않는다면 그 상대방은 앞으로 나와 함께 할 좋은 이웃이 아닌 것이다.

주위에 좋은 사람은 많다. 회원들간에 매물정보에 관한 소통방법은 협회에서 운영하는 '한방' 프로그램을 이용하기도 하고 사설 거래정보망을 이용하기도 한다. 요즘에는 특히 카톡방을 많이 이용한다. 카톡방은 이왕이면 주도적으로 만들면 더 좋을 것 같다. 고객은 일반고객인 외부고객과 중개업을 하는 내부고객으로 분류할 수도 있듯이 내부 고객관리가 잘 되면 외부 고객관리 또한 순탄하게 흘려가게 마련이다.

아쉽게도 나는 처음에는 내부고객 관리를 잘하지 못했다. 입주장부터 시작해서 바빴던 이유도 있었지만 마음의 여유와 의지가 없었다. 하지만 시간이 흐른 뒤에는 내가 수제가 되어 카톡방을 개설했고 서로에게 도움이 되고 있다.

지금도 회원수가 110명 정도이고 회비납부와 같은 일체의 금전부담은 없고 오로지 매물정보만 공유하면서 잘 이용되고 있다.

● P o i n t

– 나 스스로 주체가 되어 건전한 모임을 만들어 주도하라.

3-4

부동산 산업의 견인차

앞에서 나는 부동산 중개업의 매출구조에 대해 상세한 설명을 한 적이 있다. 부동산 중개업은 국민 자영업으로서 관련 산업계의 최전선에서 고객 밀착형의 역할과 업무를 수행하고 있다. 우리가 상대하는 고객들은 처음에는 자신들의 수요에 따라 주택이나 상가매물 자체에 관심을 가지지만 많은 경우에 다른 자영업 분야의 서비스도 제공받기를 원한다.

쉬운 예를 들면서 설명을 해보자. 단독주택을 매입하려는 고객이 있다고 가정해보자. 집을 구입하면 필수적으로 등기를 해야 한다. 소유권 이전 등기이다. 대출을 받아서 주택을 구매하는 경우에는 소유권 이전등기와 은행의 대출금에 대한 저당권 설정이라는 제한물권 설정등기가 동시에 실행된다. 이러한 등기업무는 법무사 또는 변호사로 구성된 법무법인에서 담당한다. 주변에 많은 법무사와 변호사 사무실이 있는 것을 쉽게 확인할 수 있지만, 아직도 국민들 의식 속에는 이들의 문턱이 높은 편이다. 대부분의 고객들은 자신들의 주택을 매매해 준 부동산 사무실을 통해 잔금일자에 맞춰서 등기업무를 수행할 법무사를 소개받기를 원한다.

부동산 중개사는 여러 명의 일 잘하고 성실한 법무사들과 업무협약을 맺어 둘 필요성이 있다. 꼭 매매가 아닌 전세 임대의 경우에도 상당수의 임차인이 전세권 등기를 고려하는 성향이 있다. 특히 임차인이 법인일 경우에는 임대보증금 액수와 무관하게 전세권 등기를 필수적으로 설정하려고 한다.

중개사는 변호사와도 업무적 상관관계가 높아지고 있다. 내 경험으로는 그렇다. 경제상황의 변동가능성이 높아지고 국민들의 법의식 수준이 높아짐에 따라 예전에는 당사자 간에 사적인 시시비비로 감정 손실만을 남긴 채 흐지부지하게 찜찜한 상태로 종결될 사안도 이제는 처음부터 법적다툼으로 시작한다. 이 때부터는 변호사의 영역이다. 여러 이유로 상가 임대차가 해지되어 정리단계에 돌입하면 많은 부분에서 서로의 이해관계가 첨예하게 대립한다. 결국은 법적으로 해결할 수밖에 없다. 분쟁상황이 발생하게 되면 특히 임차인은 자신을 소개해준 가까운 부동산 중개업소를 먼저 찾는 경향이 있다. 처음에는 임대인에게 대신 전달할 메시지를 부동산이 전해주는 일에서부터 시작해서 결국은 소송 전에 준비를 하게 되고 부동산 중개사에게 좋은 변호사를 추천해달라고 하는 경우도 발생하기 때문이다.

축구경기의 골 배급원

오래된 구옥을 매수하여 리모델링을 할 경우에는 인테리어 사무실과 시공업체를 소개받기를 원하는 경우가 허다하다. 건축을 새로 할 경우에는 건축사나 집을 잘 짓는 건축업자를 소개받기를 원한다. 도배·장판업체 등 간단한 수리 차원의 소개는 이제는 부동산의 부수적 업무처럼 돼 버렸다. 이사 업체·청소업체·대출중개인·은행직원·분양업체 등등 실제로 헤아릴 수 없을 만큼 많은 영역이 부동산 중개업을 중심으로 관여가 되고 있다. 이처럼 부동산 중개업은 부동산 경제 산업에 있어 첨병이자 운동경기의 골 배급원의 역할을 톡톡히 담당하고 있다.

부동산 사무실을 주기적으로 찾는 사람들 중에 감정평가사 무소 직원과 은행 부동산실거래 조사 요원들에 대한 얘기를 해 보자. 감정평가사 사무소 직원들은 본인들이 의뢰받은 평가대상 물건에 대한 비교거래사례 가격을 추청하기 위해 의뢰받은 해당 물건지 인근에 있는 부동산 사무실을 불쑥 들어와서 이것저것 물어본다. 처음에는 무슨 구청에서 나온 공무원이라는 느낌을 받아 살짝 긴장하기도 했지만 특별히 바쁜 상황이 아니라면 나는 묻는 질문들에 대해 솔직하게 답변을 해 주었다. 하지만 비슷한 상황이 여러 차례 반복되자 살짝 짜증이 나기도 했다. 귀찮은 것도 있지만 '왜 나의 자산인 정보를 무상으로 쉽게 제공해야 되지?'라는 의문이 들기 시작했기 때문이다. 이후 감정평가사 직원과 '은행 실거래가 조사요원'들에 대한 질문에 대해서는 그 사람의 태도를 보면서 협조 정도가 그때마다 달라졌다. 나의 이런 태도 변화에 너무 야박하다고 생각할 사람도 있겠지만 여러분도 비슷하게 대응하게 될 것이며 나의 방식이 맞다고 생각할 것이다.

사람마다 각자가 맡은 역할이 있는데 너무 편하게만 남의 노고를 취하는 것은 최소한 상거래 질서 속에서는 합리적이지 못하다. 그리고 또 한 부류가 은행 실거래가 조사원이다. 불쑥 찾아오기도 하지만 대뜸 전화가 와서 "은행 실거래조사원인데요"라고 시작하면서 설문조사하듯 자신들의 궁금 사항을 일방적으로 쏟아낼 때는 "죄송합니다. 지금 바빠서요"라고 금방 전화를 끊는 습관이 생겼다. 실거래 신고현황의 확인은 관할 구청에 게재하는 거래내역 정보를 참조하면 충분히 알 수 있는데도 불구하고 옛날 방식을 고수하는 것이 이해가 좀 가지 않기도 한다. 부동산 중개사는 매매거래를 하면 거래신고가 의무사항으로 되어있어 신고를 필히 해야 한다. 예전에는 60일 이내였지만 최근에 법이 개정되어 30일 내 신고를 해야 하고 위반시에는 과태료를 부과한다.

말이 나온 김에 나도 조금은 창피한 경험이 있다. 거래신고 기간을 조금 초과하였다고 구청에서 날아 온 과태료 20만 원을 납부한 사실이 있다. 오피스텔 매매계약을 하고 잔금이 무려 5~6개월 뒤에 있는 매매 거래였는데 거래신고 기간의 여유가 있다는 생각에 빠져서 신고기한을 27일이나 지나쳤다. 그야말로 과태료가 부과되면 '꼼짝 마라'이다. 불행 중 다행으로 초과한 기간이 짧아서 20만 원이지 조금만 더 지나쳤다면

200만 원이라고 구청 담당직원이 알려주었다. 지금은 과태료 액수가 훨씬 상향된 것으로 알고 있다. 임대거래도 신고대상으로 확대되고 있다. 주택임대사업자가 대폭 늘었다.

주택임대사업자는 의무적으로 주택임대현황을 구청에 신고하여야 한다. 이 역시 신고의무를 위반하면 과태료를 부과한다고 규정되어 있어 임대변경사항이 있으면 반드시 신고를 해야 한다. 변경사항에 대한 신고의 주체는 임대인이지만 대부분의 임대인들은 부동산에서 대신 신고해 주길 바란다.

부동산 중개업의 자부심

간판업체 · 광고인쇄물 · 수도가설업체 · 전기공사업체 · 열쇠업체 등등 인간이 살아가면서 필수적으로 이용하는 모든 업체와 부동산 중개업은 관련이 깊게 되어있다고 보면 맞는 얘기이다. 이렇게 장황하게 얘기하는 목적은 딱 한 가지 때문이다. '부동산 중개업 종사에 대해 자부심과 자긍심을 가지라'는 것이다. 말은 자신 있게 했지만 어쩌면 나에게도 하고 싶은 말이었다.

중개사는 생활 속에서 실천해야 하는 작은 행동 준칙이 있다. 첫째, 원래 어원의 유래는 좋지만 '복덕방'이라고 칭하면서 중개업에 대해 비하적인 의도를 가진 사람들에게는 업무능력 향상과 서비스 정신으로 대응해야 한다. '복비'라는 긍정적인 의미를 중개사 스스로가 실천을 통해 회복해야 할 것이다. 둘째로 다른 부동산에서도 습관적으로 하고 있다는 이유로 본인이 생각하기에 주저되고 찜찜한 느낌이 드는 내용이나 방법은 하지 않는 것이 좋다. 법전을 뒤져 볼 필요도 없이 공인중개사 자격을 갖춘 사람이라면 직관적으로 '하지 말아야 할 것'에 대한 감각은 느끼게 된다. 십중팔구 문제의 소지가 있으며 설사 한번은 피해가더라도 공인중개사 위상제고에 큰 오점을 남기게 된다. 그 오점은 결국 본인의 손해로 귀착되기 때문이다. 공인중개사 위상제고는 협회나 내가 가입한 모임의 활동에서 만들어지는 것이 아니라 각자의 마음가짐에서 시작되어야 한다. 너무 계몽적인 주장을 하는 것 같아서 순진하다고 생각하겠지만 그렇지 않다는 나의 억지 주장을 참고하면 어떨까 한다.

공중화장실 문화에 대한 얘기이다. 현재 우리나라의 공중화장실 문화는 세계 최고이다. '청결성 및 대중의 이용 편의성' 측면이다. 시간을 조금만 되돌려보면, 지금은 상상할 수 없을 정도로 낙후된 시설 속에서 우리는 생활했다. 지금은 미국도, 선진 유럽국가도 우리나라를 따라오지 못하고 있다.

또 하나는 금연문화이다. 내 기억에 버스를 타면 버스 안에서 담배를 피우던 시절이 있었다. 그러다가 어느 순간 천지개벽을 하였다. 담배는 더 많은 곳에서 판매를 해서 구입은 쉬운데 반해 담배를 피울 수 있는 공간은 점점 없어지고 있다.

두 가지 예의 경우처럼 인간의 본능과 기호와 관련된 문제임에도 국민의식을 일깨우는 캠페인에 동참하여 더 나은 사회를 만들어 내는 우리나라 국민의 저력을 감안할 때 내가 주장하는 공인중개사의 위상제고와 자긍심을 고취시키는 일도 먼 꿈이 아니라고 생각한다. 그러기 위해서는 당사자인 우리 공인중개사부터 시작하여야 할 것이다.

● **P o i n t**

- 느낌적으로 '하지 말아야 할 것'은 하지 않는 게 좋다.
- 중개업의 위상제고는 작은 나의 실천에서 시작된다.

한때 일본인을 빗대어 '경제적 동물'이라고 칭하면서 그들의 소비행태에 대해 자주 언급을 한 적이 있었다. 일본인들은 절대로 한국인들처럼 기분파로 돈을 쓰지 않고 근검절약하는 것이 생활화되어 합리적 소비지출을 한다는 것을 강조하는 내용이다. 지금은 우리나라 국민들도 예전에 비해 매우 합리적인 소비지출을 하고 있다. N분의 1이라는 '더치페이 문화'가 보편화되고 있다.

일본은 현재도 세계 2~3위의 경제력을 유지하고 있는 경제 강대국이지만 일본 국민들의 소비행태가 옛날에 비해 크게 달라졌다는 소식은 들리지 않는다. '합리적'이라는 단어와 '근검절약'이라는 단어는 일단 긍정적인 의미를 내포하고 있다. 하지만 행간에는 '하고 싶은 것을 맘껏 해보지 못하는' 절제와 통제를 수반하는 시원하지 못한 느낌 또한 내포하고 있는 것을 '나만 느끼는 것일까?'하는 생각이 든다.

일본인들의 돈쓰는 소비행태가 왜 합리적이고 근검절약해야 했을까? 사람은 누구나 돈이 있으면 맘껏 물건도 사고 좋은 곳으로 여행도 다니면서 돈 걱정은 안하고 살고 싶지 않을까? 국가 경제력에 비해 국민들의 소비행위는 수시로 자신의 지갑 속을 체크하면서 생활해야만 하는 일본인의 삶을 약간은 빗대어 표현하는 말로 '경제적 동물'로 표현할 수도 있다는 생각도 하였다.

오늘날 우리나라의 세계적인 위상은 그 어떤 시기보다 최상의 수준인 것 같다. 무역수치로 표현되는 GDP와 누계 무역흑자는 사상 최고치를 매년 갱신하고 있다. 이뿐만 아니라 국민들의 삶의 질 향상을 위해 국가가 집행하는 지출액은 어마어마하다. 누가 얘기했던가? '이 지구상의 모든 것의 원천은 태양과 인간의 노동력에서 시작되었다'고. 국가의 돈은 결국 국민들로부터 나온다. 국가 자체의 영리성 활동은 아주 미미할 뿐이다. 국가는 국민들로부터 강제로 세금이란 명목으로 국민들이 어렵게 번 돈을 징수한다. 어느 나라나 마찬가지이다. 얼마의 세율로 징수하느냐에 따라 국가별로, 정권의 특성에 따라 다를 뿐이다.

이처럼 부동산 중개업과 관련 있을 것 같지 않은 엉뚱한 얘기를 꺼낸 이유는 문득 깨달은 사실이 있었기 때문이다. 고객들과 상담을 하면서 어느 순간부터 고객들이 세금문제에 대해 많은 관심을 보이면서 질문을 하기 시작하였다는 것이다. 나는 중개사지 세무사가 아니어서 세무문제는 잘 알지 못한다. 나도 매달 기장대리를 해주는 세무사님이 계셔서 영수증을 잘 모았다가 세무사 사무실로 일정시기마다 보내는 것이 전부였다. 세금과 관련하여 부동산 중개업을 하는 우리 중개사도 두 가지 측면에서 이제는 관심을 기울이고 공부도 많이 해야 할 것 같다.

첫 번째는 업무관련성이다. 쉽게 말해서 세금 문제가 정리되지 않으면 부동산 거래도 없을 것 같다. 최소한 기본적인 부동산 세금지식을 넘어서 심층적인 세무지식도 겸비해야 유능한 중개사로서 인정을 받을 수 있을 것 같다. 둘째는 부동산 사무실의 대표로서 세금 납부문제이다. 당연히 소득에 대해서는 세금을 내야한다. 문제는 부동산 중개업의 영업행위에서는 아주 독특한 세금 관련 문제가 발생하고 있다.

부동산에서 매출수입은 대부분이 중개보수이다. 중개보수를 카드단말기를 사용해서 카드 결제하는 중개업소를 난 본 적이 없다. 대부분이 계좌이체하거나 현금으로 직접 교부한다. 중개보수를 주고받는 방식이 문제가 아니라 중개보수 소득에 대한 세금납부가 문제가 될 것 같다.

구체적으로 설명하면 대부분의 부동산 중개업은 주로 주택이나 아파트 · 오피스텔 · 빌라 등과 같은 주거용 부동산에 대해 중개를 많이 하고 있다. 주거용 부동산을 매매하는 경우에는 부가세가 문제되는 경우가 없어 중개사들은 부가세에 대해서 신경을 크게 쓰지 않는다.

매물에 대한 부가세뿐만 아니라 자신이 받는 중개보수에 대해서도 마찬가지이다. 가끔 상가와 같은 비주거용 부동산을 취급할 경우 발생하는 부가세 문제에 대해서는 주변에 묻기 바쁘다. 우리의 매출인 중개보수는 중개사의 용역에 대한 대가인 만큼 당연히 중개보수에는 부가세를 포함하여 고객으로부터 받아야 하지만 실상은 좀 다르다. 아주 평범한 부동산 중개상황을 설정해보자.

중개보수 세금이야기

A라는 주택 임대인이 있고 B라는 임차인이 있다. A의 주택을 월세로 임대하는 경우 B는 보증금과 월세를 A에게 지급한다. A는 B가 내는 월세에 대해 상가가 아닌 주택이라는 이유로 세금계산서를 발행하지 않아도 된다. 즉 주택 임대인은 일반사업자가 아니기 때문에 부가세가 포함된 세금계산서 발행주체가 아니기 때문이다.

당연한 얘기이다. 이러한 주택의 임대행위로 인해 중개사에게 지급하는 중개보수도 같은 연장선상에서 부가세 문제는 무감각하게 생각하는 경우가 많다. 즉 중개보수에 부가세는 받아도 되고 안 받아도 되는 덤으로 생각하고 있다. 그런데 이런 상황이 앞으로는 많이 달라질 것 같다.

이 책은 중개업을 하려는 사람들을 대상으로 하기 때문에 주택임대인에 관한 얘기는 빼고 중개사들에 관련된 얘기만 하겠다. 앞으로 중개보수를 수령할 때는 반드시 부가세를 별도로 받아야 할 것이다. 그렇게 안하면 향후 필히 몇 배 더 큰 부담을 받게 될 것 같다. 중개보수를 받는 단계는 중개사들에게는 매우 긴장되는 순간이다. 지금까지의 수고를 보상받는 마지막 단계이기 때문이다. 고객과 어렵게 구체적인 보수액을 합의하고 보수를 수령할 경우, 고객들은 거의 100% 중개보수에 대한 영수증을 요청한다. 당연히 영수증을 발급해 주어야 한다. 영수증의 형태가 무엇이든 중개사들이 발급한 영수증은 곧 국세청에서는 매출액 자료로 판단한다. 만약 부가세를 고객으로부터 수령하지 못한 채 영수증을 발급했다면 그 발급 금액에는 부가세가 당연히 포함되어 있어 그 액수만큼은 중개사가 부가세를 부담하게 되는 셈이다. 지금까지는 대부분의 부동산 중개사는 주택의 거래로 인한 보수에 대해 부가세 신고를 100%는 하지 않았다. 어차피 고객이 주택임대사업자로 등록을 한 상태가 아닌 무등록자여서 부가세 신고 대상이 아니기 때문에 나도 받지 않은 부가세액 해당금액을 제외한 중개수수료 영수증을 발급해도 국세청이 확인할 방법이 없었다. 그러나 이런 호시절은 오래가지 않을 것이다. 바로 주택임대사업자 제도가 우리사회에 깊숙히 자리잡기 시작했기 때문이다. 마침 정부도 주택임대사업자 제도를 활성화하기 위해 정책적 지원을 아끼지 않고 있다. 처음 오피스텔을 분양받은 사람들에 한정하여 취득세 85% 지원 등 각종 세제혜택으로 주택임대사업자를 지원하고 있다. 지원만 있는 것이 아니다. 상응하는 많은 의무사항들이 즐비하다. 그리고 주택임대사업자가 의무사항을 위반할 경우에는 엄청난 과태료를 부과한다.

이익이 있는 곳에 세금이 있다

국가의 강력한 공권력 중에서 나는 자영업을 하면서 가장 민감하게 받아들이는 공권력이 바로 세금을 취급하는 국세청이라는 생각이 들기 시작했다. 지금까지는 세금문제에 대해서 비교적 자유로웠던 부동산 중개업도 앞으로는 예외가 아니다. 전국에 등록된 부동산 중개업소는 10만개 정도라는 뉴스를 들은 적이 있다. 몇 개의 개별 중개업소에 대한 세금 문제는 금액이 크지 않을지라도 전국의 중개업종 전체를 생각하면 간단한 문제가 아니다. '이익 있는 곳에 세금이 있다'는 국세청의 업무 슬로건 중 하나일 것이며 부동산 중개업은 세원발굴에 아주 매력적인 관심업종이 아닐 수 없을 것 같다.

횡설수설하고 있는 나의 주장을 정리하면 중개보수에 대한 세금문제는 부가세를 별도로 징수해야 한다는 것이다. 고객이 부가세를 부담하는 것을 싫어해서, 그리고 막판에 고객과 부가세 문제로 실랑이를 벌이기 싫어서 대충 넘어갔더라도 앞으로는 달라져야 한다는 것이다. 그리고 신뢰받는 전문직역에 종사하는 사람으로 인정받기 위해서는 중개보수에 대한 세금납부를 원칙대로 해야 할 것 같다. 난순히 정의로워지자고 얘기하는 슬로건이 아니다. 아주 중요한 함의가 있다. '정부부처 합동단속'이라는 무시무시한 단어를 들은 적이 있을 것이다. 예전에는 각 부처끼리 정보공유가 쉽지 않았지만 지금은 전혀 다른 세상이 되었다.

국세청에서 부동산 중개업에 대해 세금징수를 철저히 하기 위해 행정관청인 구청과 합동업무를 한다면 그동안 행해졌던 중개보수에 대한 소득탈루 및 세금탈세는 불가능해진다. 왜 그런지 설명을 하면, 부동산은 5년 동안 계약서 보관의무가 있다. 계약을 체결하면 상식적으로 중개보수를 받는 것이 정상이다. 특수한 경우에는 무료로 해 주는 경우도 있다. 그야말로 특수한 몇 번의 경우다. 예를 들어 5년간 총 계약건수가 100건이라고 하자. 그렇다면 계약서도 100건을 보관하고 있어야 한다. 분실하면 관청의 제재를 받게 된다. 상습분실을 하면 부동산영업을 못할 수도 있다. 그런데 100건에 대한 세금신고 건수는 몇 건을 했을까?

나는 세금문제에 관한 나만의 노하우를 실행하고 있다. 우선 고객과 중개보수를 협상할 때 처음부터 부가세 부분에 대해 설명한다. 고객 자신이 주택소유주라 부가세 신고의무가 없고 중개보수에 대해 비용 처리할 필요가 없다고 하면서도 꼭 영수증은 달라고 할 상황에서, 부가세를 안 낸 고객에게서 20만 원을 중개보수로 받았다면, 고객에게는 알리지 않고 15만 원 정도의 매출신고를 한다. 이렇게 하는 두 가지 이유가 있다. 비록 고객에게 받지 못한 2만 원의 부가세 부분에 대해 내가 1.5만 원을 별도로 부담해서 나의 순소득이 20만 원에서 18.5만 원으로 줄어드는 효과는 있지만 일단 안심은 된다. 그래도 내가 할 수 있는 만큼 최선을 다해 부가세를 내려고 했다는 나의 납세의지를 확인시켜 줄 수 있기 때문이다. 그리고 또하나 좋은 효과는, 옛말에 '늑대 피하려다 호랑이 만난다'는 말처럼 국세청보다 더 무서운 존재는 바로 고객이다. 한때는 정말 좋았던 고객도 어느 순간 호랑이로 변신한다. 시간이 지나서 나도 잊고 있었던 과거의 중개보수에 대해 어떤 고객은 자신의 무기로 사용하려고 하기 때문이다.

고객
이야기

4-1

까다로운 손님고객 응대하기

2016년 가을 개업 이후부터 지금까지 부동산 사무실 거래실적을 대략 계산해 보니 총 계약 건수가 430건 정도이다. 중간에 6개월 정도 개인 사정으로 영업을 할 수 없었던 기간을 고려하면 실제 영업 기간 만 3년 6개월[42개월] 동안 월 평균 10건이 넘는다. 매물 종류별로 거래실적을 분석하면 상가와 오피스텔 비중이 7대 2 정도이고 나머지 1이 토지 등 기타이다. 산술적으로 430~860명의 고객을 만난 셈이다.

공인중개사 자격증을 취득하기 이전에도 6개월 정도 부동산 사무실에서 중개실무 경험을 한 적이 있다. 아는 지인과 공동

투자형태로 부동산 사무실을 공동으로 운영한 것이다. 이 기간까지 고려한다면 나의 부동산 중개실무 경력은 만 4년이 되는 셈이다. 4년의 시간 동안 내가 경험한 고객들은 셀 수 없을 정도로 다양하다. 이들 중 계약까지 성공한 고객들 중에서 '까다로운 고객'손님고객, 임차인이란 주제로 의미 있는 사례를 소개하려고 한다. 일부러 지난 계약서 파일을 뒤적거리면서 당시를 회상하지 않아도 자연스럽게 기억 속에 떠오르는 고객사건이 이번 이야기의 주인공이다.

당시는 2014년으로 공인중개사 자격증 없이 중개보조원 신분으로실제로는 공동대표 생애 처음으로 부동산 사무실에서 일을 할 때였다. 오피스텔 임대 건이었다. 임대인은 오피스텔 인근에 민간 공공임대아파트일명 로또아파트라고 부름 입주 자격을 당첨받은 40대 후반의 남성이었고 해당 오피스텔 한 채를 또 분양받아 첫 임대를 한 상황이었다. 임차인은 국내 굴지의 대형병원의 간호사였는데 부모님과 함께 방을 보고 임대차 계약을 하였다. 계약과정은 특별한 문제없이 순조롭게 진행되어 잔금 후 이사만 남았다.

평화롭기만 하던 어느 날 사건 발생의 전조가 시작되었다. 잔금을 1주일 쯤 앞둔 시기에 여느 때처럼 분주한 하루를 보내고 있던 중 느닷없이 동업자에게 임대인으로부터 전화가 걸려왔다. 임차인의 입주일이 일요일이어서 임대인은 토요일까지 임차인의 입수순비에 필요한 절차를 마무리해 놓았어야 했다. 즉 임대인은 분양을 받은 상태라 분양 잔금을 납입하고 임차인에게 인수인계할 물품을 미리 확보하고 있어야 했다. 당시는 입주시기라서 휴일에도 입주센터는 업무를 보고 있어서 입주에 특별한 문제가 발생된 적은 없었다.

"○○호실 소유주 홍××입니다. 금요일에 납입하려는 오피스텔 분양 잔금이 문제가 생길 것 같아요."

무슨 의도로 전화를 했는지 이해도 하지 못한 채 그는 임대인의 얘기를 계속 듣고 있었다. "은행 대출에 문제가 생겼어요. 그리고 나는 회사가 바빠서 은행에 갈 시간이 없어 와이프가 대신 가야할 것 같아요."

그날 임대인이 한 얘기 전부다. 동업자도 이해를 못했고 나도 잘 이해를 못했다. 또 연락이 오겠지 하면서 사실 잊어버렸다. 그리고 금요일이 되었다. 모레인 일요일의 입주상태를 체크하면서 문득 며칠 전에 걸려온 임대인의 전화가 떠올랐다. '그 후로 임대인의 전화가 없었으니 잘 해결되었나 보네'라고 생각하면서도 조금 찜찜한 느낌이 들어 확인도 할 겸 임대인에게 전화를 걸었다.

"네? 아니 그러시면 미리 확실하게 다시 얘기를 해주셔야 죠! 오늘 그러시면 어떡합니까? 모레가 입주인데요." 동업자 는 약간 짜증을 냈다. 그런데 오히려 임대인은 "무슨 소리예 요. 벌써 1주일 전에 잔금을 못 치룬다고 얘기했잖아요."

너무나 당당했다. 황당했지만 지금 임대인과 실랑이를 벌 일 여유가 없었다. 급하게 전화를 끊고 바로 임차인에게 전화 를 걸었다. 마음만 바빴는지 통화연결이 안되었다. 수차례 전 화를 걸고 문자까지 남겨놓았지만 임차인은 감감무소식이었 다. 답답한 시간이 참 길게 느껴졌다. 기다리는 동안 사무실 일반전화로 다시 임대인에게 전화를 걸었다. 자초지종을 들어 보니 대출서류에 문제가 발생하여 본인이 직접 은행에 가야하 는데 지방에 근무를 해서 시간이 나질 않아 부인이 대신 갔고 은행에서는 안 된다는 것이었다. 그래서 임차인의 입주날짜를 연기했으면 한다는 것이었다. 참 황당하고 어이없다는 생각이 들었다.

나중에 다시 얘기를 하겠지만, 부동산일은 중개사가 할 일 이 있고 당사자가 해야 할 일이 엄연히 구분되어 있음에도 '알 만한 사람이 이렇게 무책임할까?'라는 생각이 드는 딱 이런 경우이다.

'어쩌면 좋지! 그런데 왜 임차인은 연락을 안 받을까?' 속이 슬슬 타기 시작했다. 그러면서 나도 실쩍 걱정이 되기 시작했다. 1주일 전 임대인의 전화를 받자마자 바로 임차인에게 전화를 했더라면 최소한 부동산 입장에서는 조금의 면피는 할 수 있었을 텐데. 아쉬웠다. 동업자도 난감해서 뭐라 말도 할 수 없었다.

임차인에게 계속 연락을 하면서 직업이 간호사이고 3교대 근무를 한다는 사실이 떠올랐다. '아 그래서 연락이 안 되는구나!' 시간이 흐르면서 점점 동업자에게 나도 모르게 화살이 돌아가기 시작했다. 마침내 상세한 내용을 담은 뒤늦은 문자를 임차인에게 남겼다. 하지만 임차인에게서는 역시나 아무런 답장이 오질 않았고 잔금일인 일요일 아침이 밝아왔다.

인생 최대 굴욕의 날

일요일 오전 8시쯤이었다. 동업자의 전화벨이 울렸다. 직감적으로 문제가 발생했다는 예감이 들었다. 적중했다. 동업자는 나보다 마음이 여린 것을 잘 알고 있었기에 내가 나서기로 결심하고 주섬주섬 급하게 옷을 입고 동업자가 알려준 임차인의 집으로 택시를 타고 갔다. 계약 당시 임차인을 잠깐 봤던 기억은 있었지만 얼굴은 잘 기억이 나질 않았다. 하지만 도착하자마자 누가 임차인인지 금방 알 수 있었다. 성난 호랑이의 얼굴을 하고 있는 임차인의 부모님과 젊은 여성 그리고 낯선 남자 네 사람이 건물 입구 쪽에 1톤 소형 트럭을 대놓고 나를 기다리고 있었다. 택시에서 내리자마자 임차인의 부모님은 굶주린 호랑이처럼 나에게 달려들었다. 정신이 약간 혼미한 상태라서 당시 들었던 내용을 다 기억할 수는 없지만 '욕 반, 포효 반'이었던 것 같다. 얘기도 끝이 나질 않았다. 분위기 전환이 필요했다.

"선생님! 정말 죄송합니다. 변명은 하지 않겠습니다. 따님에게 발생한 모든 손해는 저희 부동산에서 책임지겠습니다."

불행 중 다행인지 임차인은 일요일 오전에 이사를 하고 월요일 아침에 휴가를 내서 해외여행을 간다고 했다. 우선 이삿짐은 이삿짐 센터에 보관하기로 했다. 물론 이사비용 및 보관료는 내가 부담하기로 했다. 그래서 급하게 이삿짐을 보관해주는 이사업체로 변경해야 했다. 그런데 일요일 아침이라 이사업체를 찾기도 어려웠다. 겨우 옆에 있는 용달 아저씨에게 사정해서 새로운 이사업체를 찾았다. 비용은 달라는대로 주었다. 그리고 이삿짐을 옮겨줄 사람을 구하기 어렵다고 해서 내가 도와주겠다고 했다. 임차인이 살고 있는 방은 4층이었는데 건물에 엘리베이터도 없었다. 4층에서 1층까지 끙끙거리며 이삿짐을 옮기느라 현기증이 났다. 일요일 늦잠을 푹 자도 부족할 형편에 호시탐탐 나를 노리는 호랑이 두 마리의 눈치를 보느라 군대 훈련소에 다시 입대한 신병처럼 움직였다.

어렵게 이사를 마무리했지만 임차인 측에서는 따뜻한 말 한마디 없었다. 죄송하다고 마무리하고 돌아가려는 순간 "냉장고에 있는 물건들은 어떡할 거냐?"고 또 다시 나를 붙들어 세웠다. 1인 여성이 거주하는 작은 원룸이라 냉장고도 아주 작은 소형이었고 내용물도 라면 박스 하나에 충분히 들어갈 수 있을 만큼 소량이었다. '오늘 이사를 못하면 부모님 집으로 함께 갈 때 가지고 가면 될 것 같은데.' 나만의 생각이었다. "이것도 다 책임지세요!" 암컷 호랑이가 던지듯이 건넨 냉장고 물품들을 받아서 나는 사무실로 돌아올 수밖에 없었다. 사무실에 돌아와서 이 사건의 정리가 필요했다.

임대인은 이 모든 상황을 다 알고 있으면서도 자기는 전혀 잘못이 없다는 뻔뻔한 태도를 유지하고 있고 특히 마누라는 바쁜 자기의 발목을 부동산이 잡아둔다고 고래고래 짜증을 내었다. 적반하장도 유분수였다. 사건이 일어나고 3일이 흘렀다. 그냥 조용하게 흐른 것이 아니었다. 임차인 부모는 한 시간이 멀다하고 앞으로 어떻게 할 것이냐고 전화를 해대고 임대인은 임차인이 언제 잔금을 치를 것이냐고 닦달을 하였다. 동업자와 대화의 시간이 필요했다. "지금과 같은 상황에서 임대인과 임차인의 중간에서 죄인처럼 행동해야 하는 이유는 고객을 존중하는 마음보다는 결국 중개수수료 때문 아닌가?"라는 의견합치를 봤다.

지금까지 두 번의 이사비와 이삿짐 보관비 등을 고려하면 벌써 중개수수료를 넘는 비용이 지출되었고 이 상황에서 임차인은 물론 임대인도 인격을 따져볼 때 제대로 보수를 받을 수 없을 것 같았다. 그리고 무너진 중개사의 자존심을 찾아야 했다. 여기서 무너지면 다시는 부동산 중개업을 할 수도 없을 것 같은 회의도 들었다. 지금까지 중개사로서 할 일은 최선을 다했다고 결론짓고 나는 장문의 문자를 임대인과 임차인에게 동시에 보냈다.

'우선 임차인에게는 어쨌든 결과적으로 다시 사과의 말씀을 드립니다. 이번 일로 인해 저희는 임차인에게 발생한 금전적인 손실은 다 책임을 지고 부담을 하였습니다. 아직도 기분이 풀리지 않은 부분에 대해서는 거듭 사과드립니다. 그리고 인간적으로 한 말씀 드리겠습니다. 제가 태어나서 지금처럼 쌍소리를 들으면서 모욕감을 느껴본 적은 없습니다. 특히 임대인의 부인이라는 사람은 저희에게 사과를 해야 할 것 같습니다. 이 시간 이후로 임대인과 임차인의 임대차 이행 문제는 두 분이 알아서 상의하시길 바랍니다. 저희 부동산에서는 더 이상 해줄 일이 없을 것 같습니다.'

그 후 두 당사자에게 아무런 연락도 오지 않았다. 더 이상의 요구사항도 없었고 미안하다는 말 한마디도 없었다. 이 사건 때문인지 모르겠지만 나는 2개월 뒤 부동산을 나왔다.

● P o i n t

- 사람이 아닌 동물은 피하는 게 상책이다.

'고객은 왕'이다. 왕의 말에는 무조건 복종하고 충성해야 한다. 옛날에는 그랬다. 왕의 말을 거역하면 구족을 멸하는 벌을 받을 수도 있었다. 지금 지구상에도 왕정 국가가 많다. 영국·스페인·태국 그리고 가까운 일본도 왕이 있다. 오늘날에는 옛날처럼 왕의 말 한마디에 무조건 따르지 않는다. 왕도 따를 수 있는 말만 해야 한다. '고객이 왕'이라는 말은 '고객에게 왕을 대하듯 최대한 공손하게 예의를 갖추라'는 의미로 시작된 말이라고 나는 좋게 이해한다.

부동산의 고객은 두 범주로 분류할 수 있다. 매도인임대인같은 '매물고객'과 매수인^{임차인}같은 '손님고객'이다. 오늘은 까다로운 매물고객이 어떤 특징을 가지고 있으며, 이들을 어떻게 대응하는 것이 좋을지 방법을 세시하고자 한다.

매물고객을 성격에 따라 분류하면 첫째, 안하무인형이다. 정말 답이 없는 스타일이다. 매물을 소유한다는 이유만으로 전제왕정시대의 왕처럼 자기 하고 싶은 대로 막 하는 스타일이다. 거래가격도 자기 마음대로 정했다가 수시로 변경한다. 어처구니가 없다. 자기 재산이니 가격결정권이 당연히 있지만 거래시장에서 받아줄 수 있는 정상적인 시장가격 범위 내여야 하는데 무슨 근거로 그러는지 도대체 이해를 할 수 없다. 누가 보아도 도저히 거래가 이루어질 수 없는 가격조건을 제시하고 혹시나 문의고객이 있어 가격협상을 시도하면 손톱도 안 들어간다. 몇 번 노력을 해보고 도저히 개선의 여지가 없다면 나는 과감히 포기한다. 부질없는 시간낭비라고 생각하기 때문이다. 그리고 이런 유형의 매물고객에게는 더 이상 연락을 하지 않는다. 너무 쉽게 판단하는 것이 아닌가 하는 생각도 처음 한두 번은 했지만 경험을 쌓으면서 나의 판단을 믿기로 했다.

내가 최근에 겪은 실제 사례이다. 어느 중년의 남자분이 사무실에 들어와서 상가 매물 5개를 임대 의뢰했다. 5개 호실 전부 자신의 소유였다. 지하상가 하나, 2층 상가 4개였다. 각 상가의 위치는 무난했다. 그러면서 본인도 마포에서 부동산을 운영하고 있다는 얘기를 하면서 사무실을 나갔다. 사무실을 방문하는 고객들은 단순히 매물만 의뢰하지 않는다. 자신의 매물에 대한 '보유과정 전체의 스토리'를 곁들이는 경향이 있다. 이 고객도 분양가를 얼마에 받았으며 그중에는 프리미엄을 주고 샀으며, 자신이 직접 사용할 계획인데 잠시 임대를 놓기로 했으며, 본인 투자금액과 대출금액이 얼마여서 최소한 투자수익률이 5~7%는 되어야 한다는 등의 얘기가 주된 단골 메뉴이다. 마포 고객을 보내드리면서, '같은 업종에 일하니 다른 설명은 필요 없을 것 같고 손님만 잘 맞추면 협의도 잘되어 계약진행은 쉽겠다'라고 긍정적인 생각으로 정리했다. 시간이 조금 흐른 뒤, 마침 지하상가를 대상으로 골프연습장 용도로 임대를 원하는 손님고객이 방문했다. 원하는 평수가 워낙 커서 몇 개의 호실을 터서 사용해야만 했다. 마포 손님의 호실이 맨 첫 호실이고 외부로 나가는 별도 계단도 있어 골프연습장으로는 장점이 될 것 같았다. 그리고 외부 계단 아래 약 5평 되는 공간이 덤으로 해당 호실의 전용공간처럼 주어져 있어 창고로도 쓸 수 있는 위치적인 매력도 있었다. 마포 호실을 본 손님 고객도 마음에 들어 했다. 마포고객이 제시한 임대 희망가격은 그야말로 희망가격이다. 임차인도 없는 상황에서 굳이 처음부터 임대가격을 낮출 필요가 없기 때문이라고 이해했다. 특히 부동산을 하시는 분인데 얼마나 밀당의 고수이겠는가! 협상의 즐거움을 기대하면서, 마포 손님에게 전화를 했지만 연결이 잘 안되었다. '부동산을 하시니 바쁘시구나.' 생각하면서 마포호실 옆 호실에 차례로 전화를 했다. 다른 호실의 임대인과는 협상과정에서 이견이 조금은 있었지만 계약 성사로 가는 길에 큰 장애물은 없었다. 이견사항으로는 주로 무상사용기간의 문제, 보증금액의 비율 문제 정도였다. 지하상가는 1층이나 2층에 비해 워낙 평수가 넓어서 평당 분양가는 낮지만 전체 분양가는 1층 상가와 별반 차이가 나질 않았다. 그리고 지하상가 위치 특성상 입점희망 업종도 매우 제한적이었다. 주로 피시방·노래방·골프연습장·헬스클럽 같은 스포츠 관련업종이 주였다. 더구나 바로 옆 주상복합건물에 비해 3개월 늦게 준공하여 먼저 준공한 주상복합건물에 이미 유사업종들이 입점해 있어서 후발 주자를 입점 성공시키기 위해서는 임대인의 적극적인 협조를 바탕으로 임차인을 감동시키는 '한 방'이 있어야 했다.

욕심만으로는 아무것도 할 수 없다

틀림없이 마포고객도 내가 모르는 '한 방'이 있을 거라는 확신을 가지고 나 또한 중개보수액에 대한 조정을 생각하고 있었다. 처음에 연락이 잘 되지 않았던 마포 매물고객에게서 전화가 왔다. 두 번째 세 번째 상가주들과 잠정적으로 협의된 임대조건은 투자수익률로 3.5%에 무상임대기간 한 달 반 정도였다.

첫 번째 마포고객도 당연히 오케이 할 것이라는 나의 예상은 기대와 달리 100% 벗어났다. 오히려 큰 혹을 달았다. 본인은 절대로 무상기간을 줄 수 없으며 5% 이상의 임대료를 받아야 한다는 것이었다. 나는 "사장님 옆 두 호실도 3.5%로 동의하셨는데 너무 욕심이 많으신 것 아니에요? 요즘 지하상가 문의고객이 거의 없습니다. 사장님만 결정해주시면 임차인도 이번 달 안으로 잔금을 치르고 바로 입주한다고 합니다"라고 말했다.

마포 고객은 완강했다. 옆 두 호실은 동의했다는 말에 더욱 고집을 부렸다. 오히려 나를 압박했다. '중개보수를 받으려고 하면 나를 설득하지 말고 임차인을 잘 설득해서 이 건을 마무

왕초보 부동산 중개 그냥 따라하기

리해'라고 들렸다. 부동산 사장이라 수월하게 진행되리라고 믿었던 기대심리가 답답함으로 채워졌다.

"예 잘 알겠습니다."

전화를 끊었다. 손님고객은 결과를 기다리고 있었다. 밖으로 나가서 조용히 말을 건넸다.

"죄송하지만 협상이 잘 안되었습니다."

그 손님고객은 약간 실망했지만 알았다고 하면서 돌아갔다. 마포 고객이 원하는 임대조건을 수용했을 때 임차인이 부담하는 전체 임대료가 예상보다 아주 크지는 않았지만 두 가지 점에서 나는 고민을 했다.

첫째는 마포 고객은 시설공사를 위한 무상 임대기간을 줄수 없다고 했다. 둘째는 임대인 간의 형평성 문제이다. 처음에는 잘 모르겠지만 언젠가는 한꺼번에 임대된 상가의 임대조건은 알려지게 된다. 누구는 얼마인데 나는 왜 이렇게 차별적으로 임대료 협상을 했냐고 하면서 궁극적으로 나를 원망하고 따질 것이 분명하기 때문에 여러 상가를 묶어서 임대할 경우에는 처음부터 시비거리를 최소화 할 필요가 있었다. 차라리 두 번째와 세 번째 고객도 첫 번째 고객처럼 비슷한 요구조건을 했으면 좋을 뻔 했다. 그래야 앞으로 일하기 편할 것 같다는 생각도 했다.

그 후로 두 번째 상가는 카페로 그리고 세 번째 상가는 네 번째, 다섯 번째 상가와 묶어서 골프연습장으로 임대가 되었다. 내가 한 것은 아니지만 어쨌든 지하상가는 마포고객의 첫 번째 상가를 제외하고 그 라인 모두 임대가 되었다.

중개사 여러분! 이러지 맙시다

나중에 안 사실이지만 임대된 상가의 임대료 수준은 3% 초반이었다고 한다. 마포고객의 지하상가 뿐 아니라 바로 옆 단지에 소유하고 있는 4개 상가도 여전히 공실상태로 꿋꿋이 남아있었다. 자기 재산에 대한 결정권은 본인의 권리이니 나는 모든 지난 아쉬움을 잊기로 했다.

그리고 또 시간이 흘렀다. 바로 옆 나대지에 대기업이 시공하는 공사현장이 열리면서 공사현장에서 필요한 안전교육장 임차문의가 들어왔다. 공사현장 바로 옆이고 외부로 나가는 계단통로도 있고 계단아래 창고용으로 덤 공간도 있어 나는 마포고객의 호실이 적격이라는 생각이 들었다. 임차인인 공사 관계자도 꽤 만족스러워했다.

마포고객이 지난 번 내세운 임대조건도 알고 있어 이번에는 잘 되겠지 생각하면서, 오랜만에 마포손님에게 전화를 했다. 지난번 나눈 면담기록을 보면서 혹시나 요구사항이 변동되었는지 확인부터 했다. 지난 번 기회를 놓친 것을 본인도 어쩌면 후회하면서 조금은 임대조건이 개선될 수도 있을 것 같았다. 그러나 이번에도 또 예상이 빗나갔다. 오히려 지난번 보다 보증금액도 1,000만 원 올리고 월세도 10만 원 인상하였다. 변동 상황이 이해하기 어려웠지만 임차인이 워낙 마음에 들어서 겨우 변동상황을 설득시키고 이제 계약서 작성만 남았다. 마포고객의 계좌를 받아 계약금의 일부를 입금시키기 위해 평소에 내가 잘 안하는 말을 했다. 어쩌면 이 마포고객에게는 하고 싶었는지도 모르겠다.

"사장님도 부동산을 하시니깐 이 거래 건 중개보수는 몇 % 주실 겁니까?"라고 물었다. 그런데 나로서는 기상천외의 대답이 돌아왔다.

"난 중개수수료 없어요!"

"네?"

"나도 부동산 한다고 했잖아요. 공동중개가 필요하면 내 명의를 넣으면 됩니다."

"???"

나 혼자 손님과 매물 다 연락해서 브리핑하고 가격조정하고 매물고객인 본인의 요구사항 전부를 어렵게 조정했는데 무슨 공동중개? 어처구니가 없다는 말이 괜히 있는 것이 아니었다.

벼는 익으면 고개를 숙이는 법이라는 옛말처럼 오랫동안 중개업을 하는 사람이라면 최소한의 기본소양과 예의는 갖추어야 하는 법인데 아마도 혼잡한 마포사거리에서 잃어버린 모양이었다. '절이 싫으면 중이 떠나야 한다'고 내가 떠나기로 했다. 군이 중개보수를 줄 마음이 없는 사람을 상대로 애걸할 필요는 없을 것 같았다. 공사 임차인의 중개보수를 받을 수 있으니 '반타'도 좋다고 생각했다. 그리고 임차인에게 있는 그대로 전후사정을 얘기했다.

"이 상가의 주인은 부동산을 하시는 분이시고, 임대료 조정을 처음부터 해 주시지 않았으며 아시다시피 오히려 임대조건을 강화하신 분입니다. 고객이 원하시면 이 상가를 진행할 수 있습니다. 다만 우려스러운 것은 무상 임대기간은 줄 수 없으며, 혹시나 잔금 이후에 임대인과 협조사항이 발생할 경우 제가 도와 드릴려고 해도 잘 협조가 안 될 수 있습니다."

임차인은 처음에는 내 말을 잘 이해하지 못했다. 당장 임차가 급한 것은 아니라면서 생각을 좀 더 해보자고 했다. 그러던 중 옆 단지 지하에 큰 상가를 소유하신 인품 좋은 회장님이 공사현장에서 교육장을 임대한다는 소식을 듣고 찾아오셨다.

"아직 다른 곳으로 결정이 안 되었으면. 내가 대폭적으로 양보할 테니 내 상가로 유치해 보세요."

'욕심은 공실을 남기고 양보는 좋은 임차인을 만난다'라는 신조어가 만들어지는 순간이었다.

● P o i n t

– 선진적 중개보수 문화는 중개사인 우리가 먼저 실천하자.

귀인(貴人)은 방심할 때 찾아온다

아침부터 저녁이 다 되어가는 퇴근 무렵까지 하루 종일 거짓 말처럼 사무실을 방문하는 손님이 한 명도 없는 날이었다. 이런 날은 전화도 거의 걸려오지 않는다. 이런 날이 많아지면 정말 우울해진다. 자영업자가 제일 피하고 싶은 상황이다. 이런 상황에서는 빨리 사무실 문을 닫고 집에 일찍 들어가든지 친구에게 전화해서 술 한잔 하고 싶은 마음이 든다.

신록의 계절인 5월 말경이었다. 조금 일찍 사무실을 나와서 친구와 억지약속을 잡아서 약속장소로 가기위해 주차장에서 차를 막 빼려는 순간에 김실장이 전화가 왔다. '내가 뭘 놓고 왔나?' 생각하면서 전화를 받았다.

"사장님! 지금 좀 다시 사무실로 오셔야 할 것 같은데요!"

김실장은 좀처럼 내게 전화를 하는 사람이 아니다. 오래 전에 중개사 자격증을 땄지만 부동산 사무실에서 일한지는 처음인 사람이다. 젊을 때는 법무사 사무실에서 등기업무를 은행으로부터 대량으로 수주하여 사무실에서 엄청 예쁨을 받았다고 자랑을 할 정도로 비즈니스 감각과 영업력이 있는 사람이었다. 나는 이런 김 실장의 천부적인 감각을 높이 평가하고 있었다.

하루 종일 손님 한명 없다가 5시 갓 넘어서 퇴근하는 나에게 전화를 해서 사무실로 다시 복귀하라고 하는 데는 분명히 중요한 일이 있음에 틀림이 없었다. 차를 다시 주차시키고 사무실로 올라갔다. 사무실에는 낮술을 하였는지 얼굴이 불그스레한 반바지 차림의 어쩌면 약간 노숙자 느낌도 났다 60대 초반 남자가 김실장과 봉지 커피를 마시면서 나를 맞이하였다. 내가 사무실을 나선 지 5분도 안된 시간에 돌아온 것을 고려하면, 아마도 사무실을 나가자마자 그 손님이 막 들어온 듯 했다.

"안녕하세요? 제가 대표입니다."

김실장은 주 업무가 오피스텔이라서 오피스텔 브리핑만 할 수 있었지 상가중개에 대해서는 해본 적이 없었다. 지금 이 손님은 상가에 대해 김 실장하고 상담을 하고 있었던 것 같다.

"네? 지하상가 전부요?"

입이 쩍 벌어질 정도였지만 태연함을 유지하려고 애썼다. 고객은 지하상가 전체 호실인 무려 16개 상가를 임차하고 싶다는 것이었다. 상가건물은 막 준공을 해서 상층부 오피스텔이 막 입주를 마무리했지만 하층부 상가들은 몇 개의 점포를 제외하고는 공실이 많았다. 특히 지하는 한 곳도 임대가 되지 않았다. 더구나 이웃하는 3개 주상복합 건물도 막 준공을 마친 상태라서 상가매물은 공급 과잉상태였다. 무엇보다 분양을 받은 상가주들의 고민은 이만저만이 아닌 심각한 상황이었다. 그런데 지금 내 앞에 앉아있는 허름한 차림의 이 고객은 지하상가 전체 16개 점포를 임대하겠다니 이게 꿈인가 생시인가 했다. 이 고객과 대화하면서 흥분이 가속되었지만 침착함을 유지하려고 노력했다.

손님은 임대목적은 식자재 도소매를 하면서 대형마트를 운영할 계획을 가지고 있었다. 교부한 명함을 받아서 보니 '마트코리아'라는 문구가 새겨져 있었다. 화려한 장식이 새겨진 것도 아닌 오히려 약간은 구겨진 외관은 전혀 볼품없는 너무나 소박한 명함의 모습이었다. 이런 소박함이 그때는 더 멋지다는 느낌을 받았다. 더구나 고객의 초라한 외모와 달리 의사전달력은 출중했다. 다 좋았는데 한 가지 간극이 있었다. 역시 임대조건이었다. 내가 파악하고 있었던 임대인들의 임대조건과 고객이 제안하는 임대조건에는 상당한 차이가 있었다. 어쨌든 고객과의 상담시간을 길게 하면서 풍부하게 고객의 요구사항을 받아 적었다. 약속을 한 친구에게는 문자로 양해를 구했다. 친구가 나를 실없다고 핀잔 주더라도 어쩔 수가 없었다.

이 고객은 독심술을 익혔는지 대화 중에 내가 제일 걸림돌로 생각하고 있는 임대조건의 차이에 대해 선제적으로 내가 어떻게 해야 하는지를 알려주었다.

"임대인들이 요구하는 임대료가 높다는 것은 알지만 내가 오랫동안 이 주변상권과 이 상가들을 지켜본 결과 틀림없이 임대인의 요구대로는 임대가 되지 않을 것입니다. 그리고 저도 막무가내식의 임차조건을 주장하지 않을 테니 사장님이 중간에서 잘 조율해서 성사가 되도록 했으면 좋겠습니다."

1대 1대 16

직원들을 모두 퇴근시키고 혼자 사무실에 남아서 좀 전의 상담내용을 정리하면서 어떻게 임대인들에게 얘기할지를 곰곰이 생각하였다. 임대인들은 자신들이 투자한 금액대비 5%의 수익률을 기대하고 있었다. 심지어 일부 임대인들은 3년 전 분양시기 때 프리미엄을 주고 산 사람들도 있어 임대인들이 생각하는 희망 임대조건을 먼저 현실 상황에 맞게 조정시킬 필요가 있었다. 그래서 상가 주변에 실제로 임대된 상가들에 대한 구체적인 임대사례정보를 수집하기 시작하였다. 그리고 거의 선수급인 임차인 입장에서도 합당한 임대조건을 수용할 수 있게 방법들을 궁리하기 시작하였다.

임대인들과는 평소에도 자주 소통을 하고 있던 상황이어서 연락자체는 전혀 문제가 없었다. 많은 얘기보다는 핵심을 찌르는 것이 중요하다고 생각했다. 그래서 현재 상가가 처한 단점 하나만을 강조했다.

"사모님! 지금 소유하고 계신 상가는 이제 막 준공되어 입주단계이고 주변에 상권자체가 형성이 안 되어 있습니다. 제대로 임대를 맞추려면 시간을 두고 기다려야 할 것 같습니다."

좋은 조언 같지만 상가주들에게는 큰 도움이 되는 얘기가 아니라는 것을 나도 알고 있었다. 하지만 아직도 상황을 객관적으로 보려고 하지 않는 상가수들에게 현실감각을 깨우치는 것이 우선이라고 생각했다. 상가 문의도 없는 상황에서 이런 얘기를 했다면 흘려들을 수 있는 상황이었음에도 나는 지금 따끈따끈한 '마트고객'을 염두에 두고 있어 당당하게 얘기를 이어갔다. 임대인들과 상담과정에서 내가 바라는 답은 '그럼 어떻게 하면 좋을까요?'라든지 '사장님이 알아서 꼭 좀 임대를 맞춰주세요!'였다.

몇몇 호실을 제외하고는 대체로 내 말에 공감하는 분위기였다. 그래도 안심을 할 수가 없었다. 16개 호실 중 하나라도 임대인의 동의가 안 되면 이 건은 무산되기 때문이다. 일이 잘 되려고 그랬는지 임차인의 요구사항에 비슷하게 임대인들도 따라오기 시작했다.

임대인들과 상담과정에서 나는 새로운 사실 하나를 발견하였는데 임대인들은 전혀 무관한 사이가 아니라 상당수가 서로 서로 아는 사이이거나 가족관계 또는 친구관계였다. 임대인들끼리도 나와의 상담과정의 정보를 공유하고 있었다. 그리 길지 않은 시간에 걸쳐 16개 호실 전체 임대인들의 동의를 받아냈다.

정말 제 3자는 이해하기 어려운 얘기지만 16개 상가호실 중에 내가 실제로 얼굴을 본 상가주는 4명뿐이었다. 나머지 12명은 얼굴도 보지 못한 채, 전화로 문자로 소통을 하고 있었다는 사실이다.

궁금해 할 것 같아 이에 대해 상세한 이유를 덧붙이면, 해당 상가는 2017년 11월 말 준공이 난 주상복합 건물인데 준공이 나자마자 부동산경기가 위축된다는 소식 때문에 시장 분위기가 다운되면서 해당 주상복합 건물을 분양한 시행사가 상가 잔금을 받아내기 위해 임대활동에 적극적이었다. 그래서 주변의 부동산 중개업소를 대상으로 상가주에 관한 정보를 적극적으로 홍보하였다. 상가주의 동의를 받아 연락처도 물론 포함되었다. 이 같은 시행사의 노력이 아니더라도 상가는 일반 주거와 달리 임대가 쉽게 되지 않는 속성이 있어 상가를 분양받은 사람의 입장에서는 모르는 전화가 걸려온다고 해도 전혀 거부감을 표시하지 않는다. 물론 말도 안 되는 임대조건 수용을 강권하는 부동산 전화번호는 수신거부처리가 되더라도 일단 환영분위기다. 나와의 관계도 그렇게 시작되었다. 다만 조금 다른 점은 나는 자주 그리고 주기적으로 나만의 '상가소식'

을 만들어서 임대인들과 소통하고 있었다는 점이다.

다시 마트임대 상황으로 돌아가서, 상가주들의 아쉬움에 대해 미래지향적인 대안들을 설명하고 임사인에게도 좀 더 임대인들의 입장을 고려해 줄 것을 요청했다. 한 개 호실에 대한 모델이 만들어지자 나머지 호실에도 원칙적으로 동일한 모델을 적용하기로 하였다.

일부 고집스런 상가주의 경우는 협상순서를 미루어 특별협상을 하기도 하였지만 상가주간의 형평성을 유지하는 데 최선을 다했던 것 같다. 외국에 나가 있는 임대인들과도 늦은 밤 시간을 이용해 소통하였다. 그런데 큰 고비를 만났다. 임대를 하지 않겠다는 사람이 생겼다. 본인들이 직접 사용할 것이라고 했다. '임대 자체를 하지 않겠다는 것은 또 무슨 소리인가?' '그러면 왜 그동안 나와 상담을 했지.' 이해가 안 가기도 했지만 설득을 계속했고 막히면 그 상가주와 연관되어 있는 지인에게 지원사격을 요청하기도 했다.

최종적으로 계약기간 2년, 임대 투자수익율 1년차 4%, 2년차 5% 평균 4.5%라는 나쁘지 않은 조건으로 16개 구분 상가 전체 임대인들과 임대계약을 성사시켰다.

지금도 당시를 생각하면 많은 기억들이 떠오른다. 너무 많은 임대인들과 대화하면서 상대방을 헷갈릴 뻔하기도 했지만 큰 실수 없이 잘 마무리할 수 있었다. 하루 종일 방문 손님은 물론 전화 한 통도 없던 날 퇴근 후에 다시 사무실로 복귀하여 상담을 한 유일한 그 손님이 나에게 큰 선물을 줄지 누가 예상이나 했겠는가.

● **P o i n t**

– 대어는 방심의 순간에 갑자기 찾아온다.

왕초보 부동산 중개 그냥 따라하기

4-4

늦은 밤에 온 손님

참고하면 도움이 되는 내용이다. 바쁜 하루일과를 마무리하면서 지친 몸을 추스르고 퇴근을 준비하면서 하루를 뒤돌아본다. 특별한 성과 없이 괜히 바쁘기만 했다는 생각도 들게 마련이다. 평소 저녁처럼 지금 집으로 갈까? 망설이고 있었다. 특별히 집에 가서 할 일도 없는데 혹시라도 미뤄 놓은 일은 없는지 퇴근을 망설이고 있었다. 시간은 8시를 지나고 있었다. 그때였다. 제법 큰 여행가방을 끌고 젊은 여성이 사무실 문을 열고 들고 왔다.

"사장님~ 방 있어요?"

"이리 와서 앉으세요!"

자리를 안내하고 메모지를 펼쳤다.

"월세인가요? 전세인가요? 언제 입주하실 건가요?"

방을 보러오는 고객에 물어보는 정해진 질문들을 읊었다.

"저 지금 들어갈 수 있어요?"

좀 당황스러웠다.

"지금요?"

"네 오늘요."

젊은 여성이 들려준 급한 사정은 이러했다. 오전에 이사를 갈 집이 있었는데 갑자기 문제가 생겨서 그 집으로 입주를 할 수 없었고 부리나케 새로운 집을 하루 종일 알아보았지만 지금까지도 집을 구하지 못하고 있다는 얘기였다. 당연히 어떻게 하루 만에 집을 구할 수가 있는가?

"아니 그러면 집을 못 구하면 어떡하실 생각이었어요?"

"친구 집도 있기는 하지만 친구에게 갑자기 전화해서 자초지종을 얘기하는 것도 싫고, 정 안되면 여관 같은 곳에서 잘 생각도 하고 있지만 무서워요."

젊은 여성의 대답은 이해는 갔지만 어떻게 빨리 대안을 마련해 줄지가 걱정이 되었다. 이 늦은 시간에 방을 보여주는 것까지는 어떻게든 시도해 보겠지만 도저히 오늘 입주까지는 나도 별 방법이 없었다. 그래서 차선책을 제시했다. 일단 오늘은 저랑 상담만 하고 내일 입주할 수 있는 방을 최대한 빨리 알아봐 드리면 안 되겠냐는 제안을 했다.

"그럼, 내일은 들어갈 수 있어요?" 되물었다. 매물리스트에 하시 입주할 수 있는 물건이 있는지 검색했다. 다행히도 있는 것 같았다. 하지만 내일 당장 입주가 가능할지는 내일 전화를 해봐야 했다.

"제가 최대한 노력해서 도와드리겠습니다. 일단 내일 오전 10시까지 오실 수 있어요?"

젊은 여성은 내 질문에 자신이 들고 왔던 캐리어 여행가방을 쳐다보았다.

"가방은 여기 사무실에 두고 가셔도 됩니다. 제가 보관해 드릴 수 있습니다."

반색하는 얼굴이었다. "정말요? 그럼 부탁드리겠습니다."

캐리어 여행가방을 끌고 사무실 구석으로 가서 가방을 열어 뭔가를 꺼내는 것 같았다. 아마도 세면도구라 생각했다. 젊은 여성은 가방을 사무실 구석에 두고 사무실을 나갔다. 시계를 보니 9시 가까이 되었다. '한 시간이나 얘기를 했네!' 매물리스트를 다시 쳐다보면서 지금 전화나 문자가 혹시나 가능한 호실이 있는지 살폈다. 2~3곳을 리스트로 올려서 전화 대신 문자를 보내보기로 했다. '늦은 밤 죄송합니다. 김앤김 부동산입니다. 혹시 내일 이사를 들어올 수 있습니까? 들어올 손님이 좀 급하게 이사를 오고 싶다고 해서 문의를 드립니다.' '이 문자를 보고 해당되는 사람이 있으면 연락이 오겠지'라고 생각하면서 주차장에서 차를 빼서 강변북로를 달리고 있었다. 9시 반경 전화벨이 울렸다. 내가 문자를 보낸 호실 중의 한 주인의 전화였다. 문자를 보고 연락을 드린다고 하면서 자신의 방이 현재 공실 상태라는 것이었다. 임대기간은 아직 남았지만 현재의 임차인이 지방으로 발령이 나서 사용하던 작은 책상 정도만 남겨 놓고 대부분의 짐을 싸서 지방으로 이사를 가서 거의 공실이나 마찬가지라고 한다. 그러면서 임차인에게 자신은 월세를 다 받고 있어 손해가 발생하는 것은 아니지만, 임차인이 이중으로 월세를 내는 것을 생각하면 좀 안되었다는 마음이 늘어서 본인이 나서는 거라고 했다. 임차인도 빨리 방이 나갔으면 좋겠다는 얘기를 한 터라 내일 다른 임차인이 입주하는 데 문제가 없다고 했다. '좋은 임대인이시구나!'라는 생각이 들었다.

왕초보 부동산 중개 그냥 따라하기

"사모님 그러면 방은 어떻게 봐요?" 그건 임차인이 비밀번호를 알려줘 문제가 없다고 했다. 단지 아직도 남아있는 작은 책상은 현 임차인이 새로 사서 얼마 사용하지 않아 새로운 임차인이 사용하겠다면 그냥 줄 수도 있고 필요 없으면 부동산에서 대신 재활용품으로 처리를 좀 부탁한다고 알려주었다.

"감사합니다. 그럼 사모님 방으로 내일 새로운 임차인이 들어오는 것으로 계약을 진행하겠습니다." 전화를 마무리 했다. 갑자기 내일이 빨리 왔으면 하는 기대가 생겼다. 평소에도 강변북로에 차가 없는 늦은 시간이었지만 오늘 따라 고속도로를 주행하는 기분이 들었다.

오늘 입주할 수 있나요?

오전에 눈을 뜨자마자 출근을 서둘렀다. '우선 젊은 여성에게 출근하면서 문자를 보내서 오늘 입주가 가능하다는 좋은 소식을 알려주고, 사무실에 출근하자마자 어제 통화한 사모님에게 새 임차인에 대한 정보 및 임대조건 등을 다시 공유하고 나서 젊은 여성이 오면 호실을 보여주고 마음에 들면 바로 계약을 해야지.' 구체적인 세부계획까지 세웠다.

사실 젊은 여성의 입장에서는 너무 사정이 급한 상황이라서 방을 보고, 생각하고 할 과정도 시간도 필요없을 수도 있지만 그래도 최소한의 절차는 따르는 것이 좋을 것 같다는 생각을 했다. 10시가 조금 넘어서 젊은 여성이 사무실에 들어왔다. 어제 밤에 초조하고 불안한 모습은 전혀 보이지가 않았다. 아마 내가 출근 전에 보낸 문자에 희망과 안도감을 느꼈을 거라고 짐작했다.

"어제 잘 잤어요?"

어디서 잤는지는 물어보지 않았다. 출근하자마자 임대인하고 이미 통화를 하고 방 비밀번호도 확보해 놓은 상황이라 99%는 진행된 상태였다. 젊은 여성과 함께 방문을 열고 들어가니 임대인의 얘기대로 작은 책상이 방 한 구석에 놓여있었다. 상태는 보통이었다. "어떠세요?"라고 내가 묻자마자 "좋아요!" 대답이 들려왔다. 바로 사무실로 돌아와서 사모님에게 전화를 하고 계좌번호와 계약내용 등을 확인받았다.

오피스텔 월세 계약은 임대인 본인이 직접 와서 계약하는 경우는 첫 입주 시의 임대계약 때만 해당하고 다음 계약 때부터는 전세계약 말고는 월세계약은 거의 대리계약을 한다. 대리인도 부동산에서 하는 경우가 많다. 해당호실의 임대인은

194

내가 직접 만난 고객은 아니라서 신분증과 통장 계좌번호만 받아서 내가 대리계약을 진행했다. 먼저 임차인이 두고 간 작은 책상도 젊은 여성이 사기가 사용하겠다고 했다. 만 14시간 만에 입주까지 한 초단기 계약 성사 사례이다. 임대인에게는 중개보수를 20% 조정해주고 젊은 여성에게는 30%를 조정해서 받았다. 두 분 모두 나에게는 고마운 고객이지만 젊은 여성의 어젯밤 첫 장면에 도움을 더 주고 싶은 마음이 생겼던 것 같다. 이틀이 지난 후 젊은 여성이 사무실에 커피를 사가지고 와서 고마움을 표했다. 흐뭇한 시간이었다. '그래! 부동산 하면서 이런 감동적인 재미도 있어야지.'

내가 입점한 건물은 주상복합으로 건물 4층부터 15층까지는 오피스텔이다. 대부분 젊은 사람들이 거주한다. 본 사례처럼 극적인 임대사례는 아주 드물지만 실제로도 발생한다. 특히, 오피스텔이나 원룸을 취급하는 부동산 사장님들은 나와 비슷한 경험을 겪게 될 확률이 많다. 짐을 가지고 다니는 고객들 모두가 계약 성사율이 높은 고객은 아니다. 하지만 퇴근 무렵 늦은 시간에 짐을 대동하고 부동산을 찾는 고객은 계약 성사율이 높다. 옛말에 '일찍 일어나는 새가 벌레를 잡는다'는 속담이 있듯이 '늦게 퇴근하는 중개사가 손님을 잡는다'는 말을 하고 싶다.

평일 낮 시간 동안 부동산에 업무를 보러오는 사람들의 대부분은 여성이 많고 직업은 주부이거나 자영업을 하시는 분이 많다. 그럼 주말이나 평일 늦은 시간에는 누가 올지 한번 상상해보라! 정답은 사정이 급한 사람이 온다.

내가 제시한 사례의 취지가 낮에는 쉬고 밤이나 주말에만 근무하라는 얘기는 아니다. 은행원의 업무를 한번 살펴보자. 4시까지는 고객들을 상대하는 업무를 주로 한다. 그리고 4시 이후에는 고객들은 잘 모르지만 진정한 은행업무가 시작된다고 내가 아는 은행원 지인이 알려주었다. 요즈음은 주 52시간으로 직장인의 근무시간을 법적으로 제한해서 예전과는 조금은 달라졌겠지만 그렇다고 은행업무 자체가 줄지는 않았을 것 같다.

나의 하루 일과 스케줄을 스케치하면, 8시경 집에서 출발해서 아내를 내려주고 사무실에는 9시30분경 도착한다. 맨 먼저 컴퓨터를 열어서 밤새 보내온 메일을 확인한다. 그리고 매일매일 업데이트를 생활화하고 있는 '진행업무 상황표'를 점검하면서, 오늘 할 일과 금주 계획된 일정을 체크한다. 오늘 할 일에 대해서는 구체적인 행동세칙을 수시로 변경한다. 그리고 업무시간 동안 방문하는 고객과 걸려오는 전화를 받아 필요한 대응과 계획을 수립한다.

좀 여유로운 시간에는 인터넷 검색을 한다. 관심분야는 정치, 스포츠 그리고 꼭 부동산 관련 뉴스나 전문 카페를 '눈팅'한다. 한 번 보기 아까운 것은 출력을 해서 책상위에 놓아두고 자주 눈길을 준다. 이렇게 하면 하루 일과가 금방 간다. 구체적인 계약진행이 있는 날에는 두 배로 바빠진다. 그래도 하루에 수행하던 일정을 생략하지 않는다. 하루라도 하던 일을 생략하면 좀 허전하고 찜찜한 느낌이 들어 싫다. 직원이 퇴근하고 나면 가끔은 혼자서 사무실에 남아 나만의 시간을 즐긴다. 특별히 하는 것이 없어도 좋을 때가 있다. 긴 시간이 필요한 것도 아니다

● P o i n t

　－ 매일매일 나만의 정리사간을 습관화하라.

4-5

귀인(貴人)에서 귀인(鬼人)으로

부동산 사무실은 대한민국 국민 모두에게 편의점처럼 누구나 들어와서 물건을 살 수 있고 안 사도 그만인 것처럼 개방되어 있다. 길 물어보는 사람, 화장실 물어보는 사람부터 시작해서 비가 오거나 좋지 않은 날씨에는 약속시간을 때우기 위해 사무실에 들어와서 차를 마시는 경우도 있고 심지어는 부동산에 관심 고객인 것처럼 연기하는 사람도 있다. 참으로 다양한 사람들을 만날 수 있다. 나는 사무실을 방문하는 이런 사람들의 목적이 무엇이든 간에 일단 환영한다. 심한 요구사항을 하거나 과도하게 내 시간을 빼앗지 않는다면 말이다. 한 때는 소중한 고객으로서 내게는 귀인(貴人)이었던 사람도 어느 순간 큰 골

칫거리로 변하는 경우가 있었다. 이 장에서 다룰 내용은 앞에서 귀인으로 소개했던 사람의 몰락 과정(정확히는 본색을 드러내는)에 대한 이야기이다.

16개 상가 전체에 대해 계약금과 중도금을 치른 후 이 귀인은 내게 아주 특이한 제안을 하였다. 자신의 임차 목적인 도소매 식자재 마트를 위한 시설공사를 먼저 해야 하는데 마지막 잔금 전에 먼저 상가시설공사를 하면 안 되겠냐는 것이었다. "잔금을 지급하기 전에 상가 점포의 점유를 허락하는 임대인은 한 명도 없습니다. 아마 불가능할 겁니다"라고 당연한 대답을 하였다. "그래도 중도금을 보증금의 80% 까지 지급하였고 나머지 잔금 금액이 크지 않으니 한 번만 임대인들에게 얘기를 잘 해 보세요"라고 하면서 나를 졸랐다. 그리고 마트 시설공사에는 약 5억 원 정도 시설 자금이 소요되는데 잔금일까지 기다려서는 시설공사가 지연되어 마트 개업이 늦어지고 곧 있을 추석 대목을 앞두고 손실우려가 크다고 은근히 협박 아닌 협박도 했다. 빨리 마트 영업개시를 해야 임대료도 밀리지 않고 안정적인 마트 운영을 할 수 있다고도 했다. 대신 미리 공사를 하므로 공사개시 시부터 상가 관리비는 물론 차임도 미리 일할 계산해서 지급하겠다고 강조했다.

내 생각에 들어주어서는 안 되는 요구 사항임에도 일단 내 생각을 고집하기보다는 간곡히 요구하는 임차인의 뜻을 임대인들에게 전달만이라도 해보고 임대인들의 반응을 기다리는 것이 중개사의 역할이라는 생각도 들어 임차인의 요구사항을 전달했다. 그런데 예상 외로 임대인들 대부분은 임차인의 요구사항에 동의를 해 주었다. 차후 절차로 각 상가의 열쇠를 하나씩 하나씩 수집하기 시작하였다.

한번 일을 시작하면 속도감 있게 일을 추진하는 것을 좋아하는 편이라서 이왕이면 시간을 끌지 않으려고 하였다. 그리고 중간 중간 임차인에게도 진행상황에 대해 알려주었다. 그런 와중에 임차인이 요구사항을 얘기한 지 이틀이 채 지나지 않아 이제 두 호실만 설득하면 마무리될 상황까지 진척되었다. 마트 예정 상가는 나의 사무실과 멀지 않은 곳에 위치해 있어 하루에도 몇 차례 상가를 둘러보곤 했는데, '아뿔싸! 해당 마트 예정 지하상가에 작은 포크레인이 상가 내부까지 들어와서 상가 호실 호실마다 벽면을 허물고 있지 않은가?' 상가의 전면 유리창 깨지는 소리가 나의 심장을 울렸다. '이게 무슨 일이야!' 아직 전체 임대인의 동의가 마무리 되지도 않은 상황에서 마른 날에 번개가 쳤다.

곧바로 임차인에게 전화를 하였다. "시장님! 이게 지금 무슨 일입니까?" 임차인은 기다렸다는 듯이 아주 차분한 말투로 "네~ 김사장님. 걱정마세요. 어차피 임대인들이 다 동의하실 것 아닙니까? 지금까지 진행된 상황을 보면 김 사장님이 나머지 두 분의 동의까지 받아 주실 것 같은데요! 한시라도 빨리 공사를 개시해야 마트 오픈일자를 맞출 수 있습니다."

정말 어처구니가 없었다. 사실 남은 두 호실도 실질적으로 동의를 하였지만 각자 배우자에게 물어보고 확실히 답을 주겠다고 한 상황이어서 큰 걱정은 안했지만 그래도 이건 아니라는 생각을 했다. 임대인의 확실한 동의 의사를 받기도 전에 벌써 철거공사를 개시하다니! 더구나 이 사람은 벌써 동의를 전제로 철거공사 발주를 한 것이 아닌가? 머리가 쭈뼛해지면서 무서워졌다. 다급한 상황일수록 흥분하지 말고 차분해지자고 다짐하면서 아직 확답을 하지 않은 두 분의 임대인에게 다시 연락을 했다. 한 명은 바로 연락이 되어 안 그래도 전화하려고 했다고 하면서 흔쾌히 동의를 해주셨다. 그런데 마지막 한 분은 전화를 받지 않았다. 불안감이 몰려왔다. '설마 잘못되면

안 되는데… 전화를 했으니 곧 연락이 오겠지!'

오도 가도 못한 채 철거가 한창인 전쟁터 같은 현장에서 쭈
그리고 앉아서 한 시간쯤 기다렸을까! 전화벨이 울렸다. 마지
막 미동의 상가주였다. "사장님~ 남편이 잔금도 안 치뤘는데
열쇠를 주는 것은 아니다"라고 하면서 반대한다는 것이었다.
가슴이 철렁 내려앉는 기분이었다.

난감한 상황, 극적인 동의

세상에 잔금을 치르지도 않은 상태에서 열쇠를 주어 점유를
이전한다는 것은 보증금 자체 의미를 퇴색시키는 것이었다.
'이제 어쩌지!'라고 생각하면서 하면서 "네~~" 나의 말꼬리가
부드러워지면서 급속히 비굴해 지기 시작했다. 항상 자신만만
하고 당당하게 고객들과 상담하는 나는 어디로 갔는지 모르겠
다.

"근데요 사모님! 지금 15개 호실은 전부 동의를 해주셔서 임
차인 칸막이 철거공사를 시작했습니다. 물론 전체 동의가 있
어야 하지만 우선 동의하신 호실부터 철거작업을 시작한 것
같습니다. 워낙 마트 임대 평수가 넓어 하루 이틀 걸리는 작업

과정이 아니어서 먼저 시작한 것 같습니다." 임차인의 입장을
본의 아니게 적극적으로 대변하였다.

"그래요?" 곧 침묵이 흘렀다. "그럼 다시 남편한테 물어보고
연락 드릴께요?"라면서 전화를 끊었다. 다시 10분 정도가 흐
른 뒤에 그 사모님은 "모두 동의하셨다면 그럼 어쩔 수 없네
요"라고 하면서 마지막으로 극적인 동의를 해주셨다.

지금 생각하면, 동의한 호실을 먼저 철거공사를 시작하고
미동의한 호실은 동의 받는대로 철거공사를 하면 된다는 임
차인의 무모한 시도는 틀린 말이 아닐 수도 있을 것 같았다.
실제로 철거공사가 들어간 호실은 이미 동의절차가 마무리 된
호실이었다. 한편으로는 이 임차인이 무서웠던 이유는 만약
미동의 호실이 생겨도 대부분의 상가호실이 철거가 된 처참한
상황에서 '어떻게 동의를 안 해 줄 수 있을까?'라는 생각을 미
리 하고 있었다는 것이다.

이렇게 우여곡절 끝에 철거관련 동의사건은 일단락되는 듯
했다. 하지만 더 큰 시련이 찾아왔다. 잔금 마무리 전에 철거
공사를 허락해주면 마트지원금 또는 주류지원금 그리고 아이
스크림 지원금이 나와 남은 보증금 전체 잔금 1억 원을 지급

할 수 있다는 임차인의 말을 믿었는데, 마트 시설공사 시작은 커녕 심지어 계약서상 보증금 잔금일이 지나도 잔금지급은 이루어지지 않은 것이다. 나의 독촉에 임차인은 3일 뒤, 이틀 뒤, 내일 이런 식으로 계속해서 잔금 지급을 미루었고 마침내는 계약 당시 시설공사를 위한 무상 사용기간 30일도 소진될 상황이었다.

하루에도 열 번이 넘도록 마트 현장을 방문해서 임차인에게 독촉하고 독촉했다. "사장님 언제 시설공사하고 오픈하나요?" 나의 말투는 차분했지만 단호했다. 때론 '콕' 이마를 한 대 쥐어박고 싶었다. 16명의 임대인들은 매일같이 전화를 하면서 언제 잔금을 치르는지 내게 묻고 물었다. 나는 기도하는 심정으로 제발 이 난처한 상황에서 벗어나게 해 달라고 하나님께 빌었다. 드디어 나의 간절한 기도가 받아들여져 무상기간 30일을 꽉 채우고 나서 마트 집기가 들어오고 나서 상품들이 입고되기 시작하였다. 드디어 기다리고 기다리던 대망의 마트가 그랜드 오픈을 하였다. 오픈빨인지 모르겠지만 장사도 꽤 잘되었다. 계란 한판에 900원! 한 동안 텅 비어 썰렁했던 복합 지하상가 전체가 물건을 사러오는 사람들로 북적이기 시작하였다. 그런데 마트오픈일이 며칠 경과했음에도 마트사장인 임차인은 잔금 지급을 차일피일 또 미루기 시작하였다.

무서운 변신

"아니 사장님 도대체 왜 이러세요?" 내가 급기야는 성질을 냈다. 그런데? 마트 사장의 대답은 상상초월이었다.

"김사장! 나는 도대체 이해를 못하겠네. 보증금이야 어차피 내게 돌려줄 돈인데 월세만 제대로 잘 내면 되지 왜 보증금을 다 받을려고 그러는데. 마트가 잘 되려면 자금력이 풍부해서 많은 상품을 들여와야 매출도 늘고 할인폭도 늘려서 초반에 고객들을 확보할 수 있지. 그깟 몇 푼 안 남은 보증금 받아서 뭐하게?" 이런 '개아들'. 때려죽이고 싶은 심정이었다. 속으로 끓어오르는 욱한 감정을 삭이면서 차분하고 냉정한 어조로 준비해 간 얘기를 했다.

"사장님! 지금까지는 임대인들이 사장님의 자금 사정을 고려해서 또 보증금의 대부분을 지급하여서 직접 사장님에게 재촉하지는 않고 기다렸지만 이제부터는 다를 겁니다. 사장님 마트가 법인형태이고 법인통장으로 매출관리도 할 것 아닙니까? 그리고 최종적으로는 사장님 법인계좌로 입금될 게 아닙니까?" 계속해서 말을 이어갔다. "그리고 만약 이 분들이 공동으로 사장님 법인통장에 가압류를 한다면 그때는 어쩌실 겁니까?"

원래 웬만한 협박에는 꿈쩍도 하지 않았던 마트 사장의 표정은 순간 일그러지면서 어두워졌다.

"김사장! 그럼 어떻게 하지? 나도 계획이 있어 당장 보증금 잔금을 다 입금하기가 어려운데. 동탄에도 또 마트를 오픈 준비 중이라서 돈 쓸 데가 많아서."

순간 실소할 뻔했다. 전부 다 입금하라고 하면 안 될 것 같았다. 그래서 순식간에 지혜를 짜냈다.

"사장님 그럼 전부가 다 어려우면 반 아니 30% 정도 호실만이라도 오늘 입금하시고 이제 마트가 오픈해서 매일매일 매출이 나오니 3주에 걸쳐 순차적으로 해결하시는 것이 좋을 것 같습니다. 어차피 임대인들도 다 서로 연락이 되니 먼저 30% 임대인에게만이라도 보증금을 해결하면 나머지는 희망을 가지고 극단적인 선택은 하지 않을 것 아닙니까?"

약삭 빠른 마트 사장도 어쩔 수 없었는지 동의했다. 쇠뿔도 단김에 빼라고 말 나온 김에 지금 즉시 입금할 것을 종용했다. 그리고 누구를 먼저 30% 대상자로 선정할 것이며 나머지에게는 어떤 식으로 후순위 선정된 것에 대한 양해를 구할 것인가를 대비했다.

예의바른 고객! 칙힌 고객들이 누구인지 생각해 보았다. 그리고 내 판단과 재량으로 30% 우선순위를 정해서 마트사장에게 내 눈앞에서 입금을 하게 하였고 나머지 70% 임대인에게는 지연입금의 보상으로 지연이자를 추가 지급하기로 마트사장과 협의함으로써 기나긴 보증금 완납 여정의 끝을 맺을 수가 있었다.

한때 '귀인貴人'으로 생각했던 그 사람이 '귀인鬼人'으로 변신했던 잊을 수 없는 사례였다.

● P o i n t

- 원칙에 충실하고 꺼진 불도 다시보라.
- 호랑이보다 무서운 존재는 사람이다.

프리미엄
고객관리

부동산은 정보를 파는 장사다. 좋은 상품이 준비가 되면 구매할 고객을 찾아야 한다. 부동산중개업은 오랜 역사를 가진 업종으로 우리나라에서도 예전부터 명칭을 달리하면서 존재해 왔다. 외국도 마찬가지일 것이다. 현재 부동산 중개업은 국민들의 생활 속에 뿌리내린 보편화된 자영업종이라고 생각한다. 확실한 중개시장이 형성되어 있고 고객도 쉽게 찾을 수 있을 것 같이 보인다. 그런데 초보 중개사의 눈에는 좀처럼 제대로 된 좋은 고객이 나타나지 않아서 답답하다. 예전처럼 '워킹인 고객'이라 불리는, 부동산 사무실로 직접 내방하는 고객만을 대상으로 해서는 사무실 유지가 어렵다. 너무 많은 부동산 중개업소가 있고 이미 기반을 튼튼하게 잡고 운영하는 곳과의 경쟁을 해야 하기 때문에 고객이 방문을 했다고 해서 나만의 고객이라고 단정할 수도 없다.

여기서 잠깐 귀한 고객, 좋은 고객에 대한 정의를 먼저 하고 가야겠다. 순전히 부동산의 입장에서 바라보는 시각이다. 거래성사 과정에서부터 얘기가 잘 진행되어야 한다. 고객의 요구 사항이 정확히 무엇인지 의사를 명확하게 설명해주어서 부동산 중개사가 해야 할 일과 범위를 확정하는 데 도움이 되어야 한다. 다음으로 계약과정에서 돌출하는 크고 작은 문제에 대해 유연한 사고와 배려심이 있어야 한다. 그렇다고 손해를 감수할 것을 요구하는 것은 아니다. 궁극적으로는 거래 성사가 이루어지면 나의 수입인 '중개보수를 제대로 인정해 줄 수 있는 고객'이 나는 좋은 고객이라고 정의하고 싶고, 좋은 고객들 중에서 거래가격에 비례하는 '법정 중개보수를 많이 주는 고객'을 특히 '귀한 고객' 내지 '프리미엄 고객'으로 분류하고 싶다.

어쨌든 고객을 확보하기 위해 광고를 포함한 마케팅 활동을 벌인다. 마케팅 활동이라 함은 특별한 방식과 형태로 존재하는 것이 아니다. 쉬운 말로 매출을 올리기 위한 모든 활동으로도 정의할 수 있다. 심지어 혼자서 점심을 먹는 것도 마케팅 활동 영역으로 포함시킬 수 있다. 부동산 광고는 특성상 단발성 내지 일회성으로 마무리되지 않는다. 지속적으로 광고를 유지할 수밖에 없는 묘한 종속성이 있다. 아무리 광고비를 많이 지출한다고 해도 매출에 바로 연결되는 것 같지도 않다. 그렇다고 광고를 중단하면 불안해진다.

'누구처럼 나한테는 왜 귀인이 안 나타나는 것일까?' 너무 비관적이거나 조바심을 낼 필요는 없다. 식상한 표현이지만 묵묵히 열심히 일하면서 실력을 연마하고 있다면 귀인을 만나는 기회는 틀림없이 올 것이다. 다음은 내가 경험한 귀인을 만난 사례이다.

베트남 하노이의 송팀장

생애 처음 부동산 사무실을 오픈하고 한 동안 친구들과 함께 별도의 시간을 내지 못하고 있을 때, 평소에도 자주 연락을 주고받던 옛 직장동료 송 팀장이 있었다. 정확히는 내가 일하던 직장의 팀장이었고 지금은 하노이에 있다. 회사를 퇴사한 이후에도 가까운 친구처럼 더 편하게 지내는 사람이었다. 송 팀장은 개인적으로도 부동산에 관심이 많아서 내가 공인중개사 개업을 한다고 했을 때 다른 사람보다 더 반기면서 축하해 준 사람이었다. 개업을 한 이후에도 자주 전화로 안부를 물어보곤 했는데, 어느 날 밤이었다.

"김소장! 회사를 나온 후 송팀장은 나를 김소장이라고 불렀다. 하나 물어볼게 있는데 아파트 사려면 어디가 괜찮을 것 같아?"

갑자기 뜬금없다고 생각했지만 송팀장과 나는 부동산에 관해 다양한 주제로 서로의 의견을 주고 받던 사이라서 이상하지는 않았다.

"아파트 사려구요? 누가요?" 그러자 "나지." 바로 답을 했다.

"어디에요? 서울?"

"당란! 중국어로 당연하다는 의미로 송팀장은 중국팀 팀장으로 중국어에 능통해서 나하고는 가끔 중국어로 재미삼아 대화를 나누곤 한다 서울이지, 내가 사실 최근에 가지고 있던 잠실상가를 팔아서 지금 자금력이 좀 있고 생각하기에 지금쯤 집을 사 두는 것이 좋을 것 같은 예감이 들었어." 아주 상세한 구매의사 동기를 설명해 주었다.

"나는 아파트는 취급하지 않아서 매물정보가 없는데요!"

"알지~ 그래도 김소장은 부동산 현업에 있으니 나보다 더

디테일한 정보를 얻을 수 있잖아. 나 대신 알아보고 마음에 들면 김소장을 통해서 거래하려구. 김소장도 좋은 거 아냐?" 송팀장이 나를 배려하고 있다는 생각이 들어 기분이 좋았다.

부동산을 오픈한 지 얼마 되지도 않은 초보인 나에게, 더구나 내게 본인이 원하는 그런 상품이 없다는 것도 이미 알고 있으면서 굳이 나에게 전화해서 좋은 기회를 준다는 사실에 너무 고마웠다.

다음날 출근해서 송 팀장이 얘기한 대로 아파트 물건정보를 검색하기 시작했다. 아파트 매물 정보는 그때도 지금도 차고 넘친다. 문제는 수요자가 요구하는 조건의 충족여부이다.

송 팀장은 서울 강남이나 서초에 있는 작은 아파트를 원했으니 검색 범위도 좁혀졌다. 더구나 송 팀장은 본인이 원하는 아파트 입지조건, 최대 금액 등등 요청사항 또한 분명했기 때문에 후보군은 금방 좁혀졌다. 후보가 2군데로 좁혀졌다. 강남역 인근 재건축 예정인 00아파트와 재건축을 한 지 얼마 되지 않은 삼성동 봉은사 인근의 ××아파트였다. 인터넷에 이미 알려져 있는 정보를 취합하고 나의 시각에서 바라본 견해를 섞어서 매물에 대한 정보를 송 팀장에게 보내주었다. 송 팀장도 서울 사람이고 서울 강남에서 고등학교를 졸업해서 내가 추천하는 아파트의 위치와 주변은 훤히 꿰고 있었다. 둘이 만나서 집을 실제로 보기로 했다.

당시 나는 재건축에 대해 잘 몰랐지만 하나는 분명히 얘기했다. 재건축은 시간이 너무 걸리고 송 팀장처럼 아파트를 사서 실 거주를 하려는 사람들에게는 생활하기가 조금 불편할 수도 있다는 점을 강조했다.

내 말이 통했는지 본인도 재건축 예정 아파트는 포기하고 삼성동의 ×× 아파트만 보기로 했다. 사실 강남역 인근 ○○ 아파트 정보는 랜덤방식으로 매물 부동산에 연락해서 보기로 한 것이고 삼성역 봉은사 인근 ××아파트는 매물을 찾는 과정에서 알게 된 고등학교 선배가 운영하는 부동산의 매물이었다. 만약 거래가 성사되면 나는 송 팀장에게 중개 보수를 받는 것이기 때문에 어떤 아파트를 결정하든지 나의 경제적 이익에는 차이가 없었지만 그래도 같은 값이면 고등학교 선배의 매물을 응원하고 싶었다. 하지만 사안이 사안인지라 고등학교 선배에 대한 응원은 마음속에만 머물렀다. 처음 고등학교 선배를 만날 때 나의 현재 사정을 잘 말씀드리고 내 지인이 부탁한 경우이니 좋은 물건을 추천해 달라고 부탁을 했다. 선배도 나를 처음 만난 사이지만 고등학교 후배라서 믿음이 있었는지 신경을 많이 써 주었다. 부동산을 하는 사람이라면 잘 알겠지만 자신의 영입지역과 주로 취급하는 상품종류가 아니라면 정보가 어둡다. 일반인들과 거의 차이가 없다. 그래서 선배에게 신신당부를 했던 것이다.

송 팀장이 볼 아파트의 전용평수는 13평이었다. 우리나라 국민들이 선호하는 아파트 브랜드 조사에서 항상 3위권 안에 드는 대단지의 신축 아파트였다.

문제는 매매가였다. 부동산을 거래할 때 항상 최대 이슈는 가격이다. 해당 아파트는 급매가로 5억3,000만 원이라고 했다. 실제 주인은 연세가 많으신 할아버지이고 아들명의로 샀는데 이번 기회에 매각하고 싶다고 하셨다. 포털 부동산 사이트를 통해 실거래 가격을 참고해 보니 정말 급매가 맞는 것 같았다. 문제는 아들 명의여서 본인의사 확인이 필요했다. 그런데 아들이 현재 싱가폴에서 직장을 다니고 있어서 특별한 확인절차와 시간이 필요했다. 명의인 아들과 통화 후 그날 바로 계약서를 할아버지와 작성했다. 다른 사람 같으면 불안해했을 상황임에도 송 팀장은 나를 믿고 나도 선배를 믿고 신속히 무탈하게 계약이 이루어졌다. 본인이 직접 거래 현장에 나오지 않은 중요한 매매 거래였음에도 순탄했다. 계약금도 본인 명의로 입금되었고 잔금일에는 매도인이 준비해야 할 서류들을 차질 없이 구비할 것과 대리인인 아버지에 대한 매매계약 대리인 위임장도 빠뜨리지 않았다. 물론 중개보수도 다 받았다. 개업할 때 축하화환도 보내주지 못해 미안하다고 하면서 소정의 금일봉도 전해주었다. 고마웠다. 그 후로 시간이 흘러 송 팀장이 산 아파트의 가격은 날이 갈수록 뛰기 시작했다. 같은 동 같은 평형이 12억 원 정도로 거래가 되었던 것 같다. 결과적으로는 나도 주된 조언자 역할은 했다고 생각하니 덩달아 기분이 좋았다.

송 팀장과 나의 성공적인 부동산 협업은 이후에도 계속되었다. 총 3건으로 기억되는데 모두 성공적으로 마무리되었다. 송 팀장은 부동산 투기꾼이 아니다. 그냥 부동산에 관심 많은 일반인이다. 평소에도 부동산 '투자성공기' 같은 서적을 자주 구독하는 습관을 가지고 있는 독서광 수준인 사람이다. 나랑 함께 진행한 3건의 부동산 거래도 두 건은 본인이 필요에 의해서, 나머지 한 건만 내가 좋은 것이라고 판단해서 권유하였는데 전화 통화로만 계약결정이 이루어진 케이스였다.

송 팀장의 사례처럼 기분 좋게 귀인을 만나서 거래 성사까지 이어지는 경우가 적지는 않다. 수수료의 많고 적음을 떠나 내가 열심히 일하고 고객도 나의 노고를 인정하면서 깔끔하게 마무리되는 고객은 분명히 있다. 당장 내 눈앞에 나타나지 않는다고 너무 좌절할 필요는 없다.

나의 결론이다. "당신의 귀인은 먼 곳에 있지 않습니다. 이미 당신 옆에 있는지도 모릅니다. 주위를 둘러보십시오."

● P o i n t

– 식당 개업하면 친구들은 한두 번 팔아준다. 그런데 맛이 없으면 다시는 손님으로 오지 않는다.

●

1인 가구의 주택수요가 빠르게 늘어남에 따라 주택공급업체
도 오피스텔이나 도시형 생활주택과 같은 소규모 주거공간의
공급시장에 눈을 돌리고 있다. 정부 또한 변화되고 있는 주거
시장에 맞춰 주택임대사업제도를 정비하였다. 독자들도 '주택
임대사업자'라는 용어를 한 번쯤은 들어보았을 것이다. 정부
가 주택공급을 확대하기 위해 민간에게 각종 인센티브를 제공
하면서 청년과 같은 1인 가구의 주거 공간 공급확대를 정책의
목표로 삼고 있다.

주택임대사업자로 등록한 사람들에게는 최초 소유권 이전
등기에 한정해서 취득세를 85%까지 지원해준다. 오피스텔을

예로 들면 그 취득세 지원 금액이 적지 않다. 오피스텔은 건축물대장상으로 업무시설에 해당되기 때문에 일반 주택과 달리 취득가격의 4.6%에 해당하는 취득세를 내야한다. 가령 1억7,000만 원 분양가의 오피스텔에 대한 취득세는 산술적으로 782만 원이나 된다. 최초 등기하는 주택임대사업자에 한정하여 취득세 경감이 이루어지며 오피스텔 일반사업자에게는 해당되지 않는다. 최근 분양하는 오피스텔은 대부분 주거용도로 임대가 되므로 '오피스텔 = 주거용'이라 생각하면 된다. 그래서 대부분의 오피스텔 분양자들은 주택임대사업자 등록을 하는 것이 결론적으로 이득이 된다. 그런데 혜택만 있는 것은 아니다. 상식적으로 국가의 지원을 받으면 그에 상응하는 의무사항이 당연히 수반된다. 대표적인 주택임대사업자의 의무사항으로 4년 혹은 8년간 주택임대사업자로서 임대사업을 유지해야 한다. 만약 이 기간을 준수하지 못하면 지원받은 취득세를 반환함은 물론 최고 3,000만 원의 과태료도 감수해야 한다. 하지만 예외조항도 있다. 주택임대사업자를 포괄적으로 승계하여 양도하는 방법이다. 하지만 양수자에게는 취득세 지원혜택이 주어지지 않는다.

그밖에도 임대현황이 변경되면 구청에 신고를 해야 하며 임대소득에 대한 세금신고도 국세청에 해야 한다. 2019년부터 변경된 내용이다. 그리고 주택임대사업 주택으로 등록한 부동산에 대해서 임대료 상승에 대해 일정한 제한을 받는다. 이러한 주택임대사업자의 의무사항 준수는 신고를 기초로 하는데, 이 신고가 일반인에게는 생각보다 만만하지 않다. 자칫 시기를 놓치면 과태료 대상이다. 주택임대사업을 하는 사람들 중에는 젊은 사람들도 있지만 노후를 대비하기 위해서, 일정한 임대소득 목적으로 안전한 투자처를 찾는 주부 등도 많아 자칫하면 신고를 깜박할 수 있다.

강화된 주택임대사업자 제도가 갓 시행된 2018년에는 시행 초기라서 해당 구청에서는 많은 행정지도를 통해 임대사업자의 실수를 고려해 주었지만 시간이 지날수록 관용은 줄어들기 시작하였다. 실제로 과태료를 부과한 사례도 늘었다.

사소해 보이는 소소한 배려

부동산에서 하는 업무는 일 자체가 주택임대사업용 물건을 다루는 것이라서 임대사업자의 신고 같은 일은 일상적이다. 그래서 나를 비롯한 주변의 일부 부동산에서는 임대인의 신고

업무를 주기적으로 체크하면서 대행해 주기도 한다. 고객관리 차원이면서 매물관리 측면에서 모두 도움이 된다. 나는 임대계약을 하고 나면 임대기간이 종료될 때까지 임대인의 신고사항 전반을 체크하면서 임대인들과 소통한다. 매일 구청에 신고를 하는 번잡함을 피해서 효율적인 방법을 찾아냈다. 예를 들어, 이번 달 계약 건이 있다면 모두 모아서 해당 월 말일에 한꺼번에 신고를 하였다. 신고방법은 확실한 접수를 위해 등기우편의 방법을 사용하였다.

두 가지 측면에서 좋았다. 하나는 임대인 대신 신고함으로써 임대인의 노고를 줄여주는 측면과 임대인이 직접 신고함으로써 발생하는 각종 오류 등을 줄일 수 있어 담당 공무원도 편했다. 단지 한꺼번에 많은 양의 신고가 구청에 등기로 도달하여 일부 신고가 누락되는 경우도 있었으나 등기우편으로 누락에 대한 책임소재를 밝힐 수 있었으며 보완책으로 임대인에게 진행사실에 대해 문자통지를 사전사후로 보냈고 꼭 '혹시 누락의 경우도 있을 수 있으니 1주일 후에 직접 구청에 전화하셔서 신고사실이 등록이 되었는지 확인바랍니다'라는 확인문자도 보냈다. 임대인들의 반응은 매우 좋았다. 결코 어려운 업무가 아니었음에도 너무 감사하게 생각했다. 물론 이에 대해 별도의 보수를 받지는 않았다. 그 외 주택임대사업에 관해 전화문의가 오면 문의 고객이 나와 계약을 하지 않았어도 성심성의를 다해서 상담에 응했다. 간혹 예상하지 못한 질문에 대해서는 자료를 찾아서 다시 설명을 드렸다. 나를 포함한 사무실 직원들의 실력향상의 계기도 되었다.

또 다른 고객서비스로 부동산 중개업무와 전혀 관련이 없지만 고객의 재산권보호에 대해 '와치맨watch man'의 역할이 있다. 좀 오버한다는 평가도 받을지 모르지만 이런 경우가 있었다. 건물이 막 준공되어 건물 상층부 오피스텔은 거의 3개월 만에 입주가 완료되었지만 하층부 상가는 거의가 공실 상태였다. 어느 날이었다. 두 개의 상가 전면을 가로막을 정도의 대형 컨테이너 박스가 상가입구를 가로막았다. 처음에는 시행사에서 하자보수 등을 위해 임시 사무실을 차리는 줄 알았다. 그런데 그것이 아니었다. 한 달이 경과될 때까지 문제의 컨테이너 박스는 방치되었다는 생각이 들었다. 컨테이너 박스 안으로 사람이 가끔 들고나고 한다는 느낌은 받았지만 항상 거주하지는 않았다. 그리고 가로 막은 상가주와는 아무런 관련이 없다는 확신을 받았다. 갑자기 그 상가주가 걱정이 되었다. 그래서 수소문을 통해 상가주 연락처를 알아냈다. "안녕하세요 사모님." 같은 건물에 입주해서 영업을 하고 있는 부동산이라고 내 소개를 하면서 자초지종을 설명했다. 깜짝 놀라는 것이었나. 관리실에 바로 전화를 하겠다고 했다. 고맙다고 하면서. 그 후 누군가가 나를 찾아왔다. 그 상가주의 남동생이 인천에서 컨테이너 때문에 왔다는 것이었다. 내 전화를 받고 자신들이 알아볼 건 다 알아봤는데 뾰족한 방법이 없다고 하소연하면서 나에게 해결책을 조언받기 위해 들렀다는 것이었다. 고맙다는 인사도 곁들였다. 관리실에서는 이미 구청에 대해 불법 건조물 등으로 신고를 하였지만 기대에 못 미치게 구청에서는 할 수 있는 일이 별로 없었다고 했다. 요즈음은 행정대집행이라는 구식보다는 과태료 부과라는 온건한 방법을 사용하는 것이 추세라고 알려주었다. 기가 막혔다. '이래서 이상한 사람들이 창궐하는구나'라는 생각이 들었다.

해당 컨테이너를 설치한 사람은 알고 보니 지역사회의 유명인사였다. 그 유명인사의 주장은 이랬다. 자기는 이 주변이 개발되기 전부터 다른 사람의 땅을 빌려서 농사를 짓고 있었는데 개발한다고 자기의 일터를 잃었지만 아무도 보상을 해 주지 않았다는 이유로 몇 년이 지난 지금 상황에서 애꿎은 상가주를 골탕먹이고 있었던 것이었다. 해당 상가주는 참 복도 없다는 생각이 들었다. 그러나 한탄만 할 수 있는 상황이 아니었다. 지금 이 컨테이너를 해결하지 않으면 해당상가의 임대는 물론 이웃하고 있는 주변상가에도 악영향을 미칠 것이 분명했다.

능동적인 사무관리

가장 많은 부분이 가려진 상가주를 중심으로 이해관계가 있을 수 있는 상가주들의 연락책을 맡아 이 문제를 해결해야 했다. 귀찮고 쓸데없는 일이라고 생각하지 않았다. 이번 기회에 상가주들과 친해지는 계기가 되면 좋다고 생각했다. 예상대로 상가주들은 나와 동지가 되었다. 마지막에는 상가주 동생이 주도가 되어 컨테이너 방치 유명인사와 협상이 진행되었다. 한 달 가량 협상기간이 계속되던 어느 날 출근하면서 문제의 컨테이너가 하늘위로 대롱대롱 매달리고 있는 장면을 목격하였다. 컨테이너 철거가 시작된 것이었다. 구청에서 집행하나? 아니었다. 가까이 가보니 상가주 동생이 한 쪽 구석에서 그 광경을 쳐다보고 있었다. 다가가서 아는 척을 하자마자 나를 보면서, "사장님! 이것 정말 처리하는 데 힘들었어요. 철거 협상조건으로 200만 원 들었고 대부분 제 누나가 부담했어요"

라는 협상의 비밀내용도 누설했다. 내가 상가주는 아니었지만 내 속도 뻥 뚫린 기분이었다.

이런 일이 있고 난 후 상가주들은 내 부동산 사무실을 확실히 더 기억하는 것 같았다. 갑자기 전화도 더 많이 오고 나를 찾아오는 상가주들이 많이 늘어나는 것 같았다. 그리고 또 한 가지 잘한 일로, 이번에는 오피스텔 임차인들에 관한 내용이다. 오피스텔의 임차인 대부분은 젊은 사람들이었다. 가끔 업무와 무관하게 주택문제를 포함해서 부동산에 대해 상담을 하고 싶다는 문의 전화가 걸려왔다. 그때마다 할 수 있는 만큼 답변을 드렸다. 그러던 중 문득 나도 보람된 일을 하고 싶다는 생각이 들었다. 내 젊은 시절보다 더 자신의 삶을 야무지고 멋지게 살아가는 젊은이들이지만 부동산에 대해서는 너무 알고 있는 것이 없다는 생각을 했다. 알고 있더라도 인터넷을 통해 급조한 단편적이고 부분적인 내용을 전부인 것처럼 생각하고 있기도 했다. 그래서 내가 지금 하고 있는 일과 병행해서 할 수 있는 방법을 연구했다. 바로 '청년주거문제연구소'를 설립하는 것이었다. 뭐 거창하게 별도의 사무실을 내고 직원을 채용하는 방법이 아닌 내가 지금 운영하고 있는 부동산 사무실에서 함께 운영하면 될 것 같았다. 결심이 서자 커다란 종이에 '청년주거문제연구소' 간판을 새겨 넣고 명함도 함께 주문했다. 단, 명함에는 부동산 업무용 전화번호가 아닌 또 다른 내 개인 핸드폰 번호를 새겨 넣었다. 조금이라도 부동산 영업과 보람된 일을 구분하고 싶었다. 그리고 직원에게도 돈을 받지 않고 상담을 해 줄 테니 '그 어떤 부동산 관련 민원이나 고민거리가 있는 사람들에게 문호가 열려있다'는 안내도 지시해 놓았다. 첫 상담자는 사무실 직원의 친구들이었다. 그 후에도 제법 많은 젊은이들이 자신들의 주거문제에 대한 고민을 토로하고 갔다. 지금도 '청년주거문제연구소'는 계속해서 운영하고 있는데, 돈 버는 것 못지 않게 신나게 일하고 있다.

● **Point**

　- 고객에 대한 서비스도 돈 버는 것 못지 않게 보람을 줄 수 있다.

5-3

갈등 해결사

상가중개는 하나의 점포를 한번에 중개하는 경우가 일반적이다. 상가 면적에 관계없이 중개할 때 특별한 차이점은 없다. 다만 입점하는 업종에 따라 업종 관련 규제 법령에 의거하여 면적에 따른 허가나 신고사항이 추가되기도 한다. 또한 한 사람이 여러 개의 구분 상가를 소유하는 경우에도 면적이 늘어날 뿐 중개를 하는 데 있어서는 별다른 복잡한 문제는 발생하지 않는다.

　여기서 다루고자 하는 케이스는 여러 개의 상가를 여러 명의 주인들이 소유하고 한 명의 임차인과 임대계약을 체결하는 경우이다. 요즘 많이 신축하는 주상복합건물의 상가는 여러 점포를 분할하여 소유권을 구분해서 분양하는데, 대체로 1층은 전용면적은 10평 전후로, 2~3층과 지하부분은 좀 더 큰 평수로 분할하는 것이 보편적이다. 소유자가 각각인 여러 개의 상가점포를 한 명의 임차인에게 임대히는 '복수 싱가 통임대'가 이번 글의 주제이다.

'복수 상가 통임대'를 하는 데 있어서는 두 가지 측면에서 고려해야 할 사항이 있다. 먼저 소유자가 각각 다르므로 소유자들 간의 '형평성'을 맞춰야 하고 임차인의 입장에서 임대하여 사용하는 기간 동안 '불측의 피해'가 없어야 한다. 임대인들 간의 형평성이란 구분 상가는 분양가가 공개되므로 상가 소유주는 자신의 상가외의 관련 상가의 임대료에 아주 민감하다. 자신의 임대조건이 우월하다고 생각하면 문제없이 지나가지만 그 반대의 경우에는 필히 문제를 삼는다. 당연히 상가를 중개한 부동산를 대상을 한다.

임차인 입장에서 '불측의 피해'는 임대상가 소유자가 각각 달라서 재계약의 경우나 임대목적물을 사용함에 있어 채널이 단일화되지 못함으로 인해 혼선과 불편함을 의미한다. 재계약의 상황에서 극단적인 경우로 한 명의 임대인은 임대료를 올리고 또 한명의 임대인은 내려줄 수 있다고 할 때 임차인의 선택은 곤란해질 수 있다.

복수상가 임대 게임

주상복합의 2층 상가였다. 건물의 코너에 있는 상가A를 포함하여 좌우로 배치된 총 3개의 상가점포에 대해 손님고객은 임대의향을 가지고 있었다. 그리고 건물의 코너에 있는 상가A와 옆 상가B는 나머지 상가C와 내부 통로를 사이에 두고 위치하고 있고 나머지 상가C도 건물 내부에서는 코너 모양을 하고 있었다. 위치 설명이 복잡할 것 같아 이해를 돕기 위해 세 개의 상가에 영문표시A, B, C를 한다. 언제든지 연락이 가능했지만 즉시 상가주에게 전화를 하지 않았다. 상담할 내용에 대한 정리가 필요했다. 각 상가주들의 희망 임대조건은 이미 알고 있었고 협상 가능 폭도 예상할 수 있었지만 이웃 상가와 함께 임대하는 것에 대해 우려할 수 있다는 생각이 들었기 때문이다. 상가를 분양받으면 거의 90%가 대출을 받는다. 등기부등본을 발급해 볼 때마다 확인을 할 수 있었다. 자금력이 풍부한 상가주라도 대출을 받는다. 왜 그럴까? 자금의 여유가 있다면 자기자본으로 충분히 충당할 수 있는데도 굳이 이자를 부담하면서 대출을 받을까? 내가 생각한 이유에 수긍할 수 있을 것이다. 상가는 수익상품으로 월세를 받는 목적이 제일 크다. 상가 월세수입은 상가주에게는 소득세 대상이다. 소득세는 비용을 공제하고 남은 금액을 기초로 한다. 대출을 받는 것은 바로 소득세를 적게 내기 위한 방편이다. 비용에 해당하는 대출이자를 감당하는 것이 고액의 소득세를 내는 것보다 이득이 되기 때문이다. 그리고 상가는 전세가 거의 없다.

　최대한 대출을 받아도 임대에는 지장이 별로 없다. 만약 다른 상가와 함께 임대를 하게 되면 임차인은 상가마다 구분된 벽을 허물고 한 공간으로 사용하려고 할 것이다. 물론 임대차 관계가 종료되면 원상복구 책임이 있다. 그런데 임대인의 입장에서는 대출관계 때문에 좀 복잡한 문제가 발생할 수 있다. 대출기간은 장기도 있지만 단기간의 대출도 있다. 만약 대출기간이 만료돼 연장하려고 할 때 대출당시 상가의 형상이 달라지면 금융권에서는 대출연장을 안 해 주는 경우가 발생한다. 이 같은 상황이 벌어지면 상가주 입장은 매우 곤란해진다. 단적인 예시이다. 그래서 나는 예상 문제점을 감안하여 공동으로 상가를 임대함에 따른 장점이 무엇인가를 연구했다.

　"사모님~ 요즘 상황이 안 좋아 장사가 잘 안 되는 것 알고 계시죠? 바로 옆 단지 지하마트도 오픈하고 10개월 만에 문을 닫았지 않습니까? 그래서 지금 임대인과 임차인 사이에서 법적 분쟁중입니다. 은행 대출문제는 임차인에게 얘기해서 상가가 구분되게 표식을 해 놓으면 대출거절이라는 문제는 발생하지 않습니다. 그럴 리는 없지만 만약에 임차인에게 문제가 생길 때 임대인들 간의 연대가 생긴다면 혼자 대응하는 것보다 훨씬 나을 것 같습니다.”

좀 긴 설명을 드렸다. 세 분의 임대인들은 자신들이 예상하지 못한 나의 브리핑 내용에 고맙게 생각하면서 흔쾌히 공동임대에 동의해 주었다. 다음으로 임차인의 '불측의 손해'를 방지해 주어야 할 차례였다.

계약서 특약사항 첫 문장에 '본 계약은 계약 기간 동안 1~3호 세 개 호실에 대해서 임차하며, 임차인은 임대목적상 한 공간으로 사용함에 임대인은 동의한다'라고 명문화하였다. 1호 상가 계약서에 2, 3호 상가에 대한 내용이 포함되게 하고, 2호와 3호 계약서에도 다른 호실 사용에 대한 내용도 포함시켰다. 혹시라도 사후에 어느 호실에 대한 원인으로 다른 호실 사용에 영향을 미치는 일을 방지하고자 했다.

임차인은 만족했다. 임대인들이 각자 요구하는 투자수익율을 균형화하는 작업은, 먼저 임차인과의 상담을 통해 세 상가의 전체 보증금과 월세 총액만을 합의하였다. 그리고 상가별로 임대인들이 분양받은 분양가를 기준으로 전체 보증금과 월세를 안분했다. 나는 공평하다고 생각했지만 임대인들의 생각은 충분히 다를 수 있었다. 혹시라도 프리미엄을 주고 산 고객이 있는지 먼저 살폈다. 다행히도 그런 임대인은 없었다.

다음으로 임대인의 성향을 임의로 파악했다. 한 분은 연로하신 분이며 나에게 자주 전화를 하셨고 두 분은 전화로만 연락하는 상대적으로 젊은 임대인이었으며 두 분은 아는 사이였다.

공동운명체

대강의 협상 방향이 정해지자 한 분씩 전화를 걸었다. 1번 타자가 연로하신 분이었다. 예상대로 높은 임대료를 원했다. '일단 알겠다'고 하고 끊었다. 2번 타자는 '자기주장 반', 아직 타석에도 들어서지 않은 '3번 타자의 주장에 대해 관심이 반'이었다. 있는 그대로를 설명하였고 자기는 3번 타자와 같으면 된다는 취지로 마무리했다. 마지막 3번 타자 역시 2번 타자와 비슷했다.

임대인들과 1차 상담결과는 성과가 있었다. 1번 타자를 제외하고 2번과 3번 타자는 어려움이 없을 것 같았다. 이제 1번 타자에게 어떻게 다시 접근할지를 생각하고 다음날을 기다려 다시 전화를 했다.

"사모님 이번 건은 임대가능성이 높은데, 사모님이 임대조건을 조금만 양보해주시면 성사가능성이 아주 높습니다. 대신 제가 사모님 호실은 보증금을 500만 원 더 지급할 수 있게 하겠습니다."

연로하신 임대인은 보증금을 더 받는다는 내 말에 무슨 큰 특혜를 받았다고 느꼈는지 금방 태도가 부드러워졌다. 우리나라 사람들은 보증금에 대해 매우 중요하게 생각하는 것을 알고 있었다. 특히 연세가 있으신 분들에게 보증금은 더 중요한 존재였다. 보증금 500만 원을 더 준다고 해서 수익률 상승에는 큰 도움이 되지 않지만 보증금을 중시하는 임대인들에게는 그렇지 않았다. 이런저런 설명과 함께 결국 임대인들 간의 투자금액 대비 임대수익률을 거의 맞추었다.

세 분의 임대인들과 유선상으로 임대조건협상이 마무리되고 계약내용을 각자에게 문자로 전송하였다. 세 분 모두 한 임차인과 계약을 한다는 사실은 당연히 알고 있었다. 나머지 두 임대인의 구체적인 계약조건에 대해서도 궁금해 했다. 하지만 구체적인 내용은 알려주지 않았다.

"계약서 작성일에 다함께 만날 것입니다. 궁금하시면 그때 본인에게 직접 물어보시면 됩니다. 저는 타인의 계약내용에 대해서는 말하지 않습니다."

이렇게 궁금한 질문에 응수하였다.

계약 당일 처음부터 걱정하고 고민했던 상황들이 발생했다. 한 명의 임차인이 세 명의 임대인들과 각각 계약을 위해 임대인들과는 30분 간격으로 약속시간을 별도로 잡았는데, 임대인들이 거의 한꺼번에 사무실에 들어왔다. 그래서 어쩔 수 없이 사무실 한쪽에서 다른 사람의 계약사항을 들을 수밖에 없었다. 계약이 마무리되고 임차인은 돌아가고, 임대인들은 고대하던 계약이 성사된 기쁨을 자축하면서 후일담을 하기 시작하였다. "왜 내 임대료는 더 낮아요?" 애초부터 분양가가 달라 당연히 임대료 액수가 적을 수밖에 없는 임대인이 문제를 제기했다. 어차피 거쳐야 할 관문이어서 세 명의 임대인들을 앞에 앉혀놓고 각자 임대료 산출과정에 대해 자세한 설명을 하였다.

"알다시피 상가분양가격은 다 다릅니다. 그래서 각자의 임대료 금액도 차이가 날 수 밖에 없습니다. 수익률은 전부 3% 후반대로 거의 차이가 나지 않습니다. 직접 계산해 보시면 알 수 있습니다."

수익률 계산하는 방식에 대해서도 칠판에 그려가면서 상세한 설명을 했다. 한 시간 남짓한 강의를 하고 난 후 임대인들은 돌아갔다. 그런데 한 가지 더 남은 해결과제가 있었다. 임차인 요구사항 중 두 개 상가점포와 한 개 상가점포 사이에 나 있는 복도 통로 사용문제였다.

세 개의 점포를 한 공간으로 사용할 의도였기 때문에 복도 사용은 필수적이었다. 다들 알다시피 복도는 공용공간이다.

상가주인 임대인들이 마음대로 결정할 수 있는 사안이 아니었다. 하지만 이미 계약 전에 관리사무실 소장님하고 이 부분에 대해 상의를 했다.

소장은 "공용부분인 것은 맞지만 관리 규약상 막다른 복도이며 해당 상가 출입을 위한 전용처럼 사용되는 복도구조여서 해당 임대인들이 동의해주면 사용가능한 방법이 있을 것 같습니다"라는 희망찬 답변을 들은 후라서 임대인들만 흔쾌히 동의해주면 일이 순조롭게 풀릴 것 같았다.

잔금일 이틀 전에 확인 전화를 걸었다. 전화 끝에 "사모님! 모레 잔금 치면 임차인은 곧 시설공사를 하는데 중간 복도까지 사용할 수 있게 인테리어를 할 계획입니다. 임대인들만 동의하면 문제 삼을 사람들이 없다고 합니다."

대답들이 시원하게 돌아왔다.

"당연히 그래야죠. 우리 임차인 사업이 잘되어야 우리도 좋잖아요. 어떻게 하면 되나요?"

● **P o i n t**

− 차별화된 서비스는 고객에게 이익이 되어야 한다.

− 사후관리도 중요하다.

'부동산의 업무는 어디까지인가?'라는 생각이 문득문득 들게 된다. 생각보다 고객에게 해주어야 할 일이 많을 때 드는 생각이다. 고객들은 너무 많은 것들에 대해 부동산에서 대신 해주길 바란다. 그러면서 중개보수는 최대한 적게 주려고 한다. 나는 중개보수를 깎아달라는 고객들의 요구에 어떻게 하면 좋겠냐는 직원들의 푸념 섞인 질문에 농담 삼아 대답한다. "깎는 건 이발소나 미용실에 가서 깎아달라고 해요."

부동산 중개 업무의 흐름을 단순하게 요약하면 계약을 성사시켜서 잔금을 납입하고 입주를 해서 중개 대상물에 대해 큰 하자가 없으면 그것으로 종결된다. 그 후에 임차인이 생활하면서 발생하는 크고 작은 사안들은 당사자들 간의 이행 문제 내지 스스로 해결해야 한다. 그런데 실상은 그렇지 않다. 임대인은 임대인대로, 임차인은 임차인대로 무슨 문제라도 생기면 우선 중개한 부동산으로 연락이 온다.

임차인이 주로 문제 삼는 부분은 하자부분이다. 소모품의 문제이면 당연히 임차인이 알아서 교체해야 할 문제이다. 하지만 소모품이라도 애매한 부분도 있다. 소모품이지만 입주한 지 얼마 안 되서 전등이 나간 경우처럼 임차인의 입장에서 손해 본다는 느낌이 강하게 생긴다. 이런 상황에서 부동산의 대응방법으로는 일단 민원인인 임차인의 얘기를 듣고 내용을 기록해야 한다. 사소한 임차인의 요구사항을 있는 그대로 임대인에게 전달하는 것도 좋지는 않다. 그러나 사소한 것들도 누적되면 사소하지 않은 것이 돼버린다. 그래서 기록을 하라는 얘기이다. 누적되어진 사소한 문제는 상황을 봐가면서 임대인에게 전달해야 한다. 경험적으로 전등 하나라도 쉽지 않은 경우가 많았다. 1인 가구가 증가하여 많은 젊은이들이 혼자서 생활하는 경우가 늘면서, 본인의 주거 공간 주변에 아는 사람도 없는 경우가 흔하다. 특히 전등이 높은 천정에 달려있어 사다리 같은 기구가 없으면 혼자서 해결하기가 어렵다. 그렇다고 전등 하나 교체를 위해 사람을 부르면 배보다 배꼽이 더 큰 비용이 발생한다. 여성의 경우에는 더욱 난감해 하는 것을 자주 경험하였다. 이같은 전등 교체문제의 핵심은 바로 비용문제로 귀결된다.

시작은 시시콜콜 맺음은 성과로

고유의 업무는 아니지만 고객의 큰 고민거리를 해결해 준 최근의 경험사례이다. 식당이 입점을 하였다. 두 개의 상가를 터는 임대인 두 명에 임차인은 한 명인 상태였다. 계약 당시 임차인은 식당 시설비가 많이 소요되고 운영자금도 비축해야 해서 보증금에 대해 다른 방식을 제안했다. 임대인들이 원하는 보증금 합은 4,000만 원이고 월세의 합이 280만 원인데 임차인은 보증금을 현금 방식이 아닌 보증보험으로 대체하고 대신 월세를 보증금을 현금으로 지급하지 못함에 대해 보증금 액에 대한 일정 이율로 계산한 이자를 월세에 더해서 주겠다는 다소 생소한 제안을 했다. 임차인은 법인이고 매출도 상당해서 보증보험회사는 보험가입을 승인해 주겠다고 했다고 한다. 보험의 종류는 이행보증보험으로 만약에 임차인이 계약기간 중에 월차임을 연체하거나 계약을 해지하여 원상회복의무를 불이행할 경우에는 보증보험계약의 보증액을 한도로 임대인에게 책임을 대신 지는 것으로 간단히 이해하였다. 나도 처음에는 낯설었지만 보증보험에 대한 개략적인 공부를 한 후 문제가 없음을 확인했다.

일단 보증보험을 가입하고 보험증서가 발급되면 임차인의 채무를 담보하는 기능에는 보증금을 수령하는 것과 전혀 차이가 없었다. 문제는 보증금의 다른 기능의 결여였다. 임대인이 보증금을 받으면, 받는 즉시 임대기간 종료 시에 임차인에게 반환해야 할 채무가 된다. 다른 한편으로는 우연히 생긴 목돈처럼 임대인의 무이자 자금으로서 활용가치가 있는 점이다. 요즘처럼 은행 대출이 어려운 시기에는 아주 요긴한 보증금의 사용용도이다. 해당호실의 임대인 두 분은 젊은 사람들이었다. 한 분은 자주 사무실에 와서 친한 분이라 일단 임차인의 제의에 대해 대화를 시도해보기로 했다. 반응을 보고나서 나머지 호실의 주인과도 접촉을 계획하고 있었다. 예상대로 임대인의 우선 질문이 '보증보험이 보증금으로서 담보의 효력이 확실히 보장되느냐?'는 것이었다. 두 번째로 '보증금 수령과 비교해서 어떤 단점이 있는가?'였다.

준비한 대로 설명을 드렸다. 그리고 "만약 보증금을 받아 바로 쓰셔야 한다면 보증금을 받으셔야 하지만 그렇지 않다면 보증보험증권을 받고 보증금액에 대해 연 8% 이자를 더해서 받을 수 있는 이점이 있습니다"라고 나의 생각을 전했다. 남편하고 상의 후 곧 연락이 왔다. 남편도 아내와 같이 똑같은 질문을 다시 하였고 나는 같은 내용을 반복해서 설명했다. 남편이 좋다는 의사를 표시했다. 이제 남은 호실에 전화를 할 차례이다. 이 분은 한 번도 뵌 적이 없는 고객으로 통화도 거의 한 적이 없는 관계였다. '잘 될까?' 반신반의하면서 첫 번째 임대인과의 상담 내용을 요약해서 문자를 먼저 드렸다. 한참 후에 두 번째 상가주인으로부터 전화가 왔다. 첫 번째 고객과 비슷한 질문들이 쏟아졌지만 잘 대응하였다. 이미 경험자라 자신까지 붙은 것 같았다. 마치 보증보험 전문가처럼 모르는 지식도 저절로 생겼다. 그리 길지 않은 시간에 두 명의 임대인의 동의를 받아내고 임차인에 연락을 했다. 사소하지만 한 가지 미해결의 조각이 남았다. '계약을 하기 위해서는 계약금을 입금해야 하는데 보증금을 보증보험으로 대체하면 계약금은 어떻게 처리하지?'였다. 계약금 진행하다가 만약 중간에 문제가 생기면 곤란한 상황이 올 것 같은 예감이 들었다. 임차인에게 얘기했다.

"사장님! 두 분 임대인께서 보증보험 증권에 대해 동의하셨습니다. 다만 월세가 후불이고 보증보험증권은 계약하고 입주 시까지 제출하면 되지만 계약 후 입주 시까지 공백이 생깁니다. 더구나 한 분의 임대인은 지방에 계셔서 실제 계약현장에 나올 수도 없는 상태에서 상가열쇠를 건네줘야 합니다. 두 호실에 대한 칸막이 철거도 하셔야 하구요. 그래서 첫 달 월세를 계약금 명목으로 지급하면 임대인들도 마음이 놓일 것 같습니다."

임차인은 잠시 머뭇거리는 듯 했다.

"다른 방법은 없습니다. 그 정도는 사장님도 협조를 하셔야 할 것 같습니다. 저는 최선을 다했습니다."

잠깐 머뭇거리듯 하면서 "알았습니다." 임차인도 대답했다.

양반 일병구하기 참전

또 시간이 흘러 보증보험증권 상가의 임대차 해지문제가 거론되는 좋지 않은 상황이 발생했다. 임대인은 계약해지 절차에 들어갔고 마침내는 소송까지 진행되었다. 수시로 상황을 전달받자니 마음이 편하지는 않았지만 그때마다 경청해야 했다. 도움을 요청해 올 때마다 아는 법무사를 소개해주고 지원을 했다. 그 결과 소송은 승소하였다.

문제는 보증보험회사에 대한 보험금 청구인데 한 임대인은 내가 알려준 방법대로 적기에 보험금 1,500만 원을 수령하였다. 다른 호실에도 똑같이 방법을 알려주었지만 이 임대인은 무슨 바쁜 일이 있었는지 적극성이 좀 부족했다.

보증보험회사도 처음에는 순순히 보험금을 지불했지만 두 번째는 금액이 누적되는 부담인지 보험금 지급에 진상을 피우기 시작하였다.

"아직도 보험금을 못 받으셨어요?" 나도 짜증이 났다. '도대체 그동안 무엇을 한 것일까? 2,500만 원이 적은 돈 아닌데!' 자세한 내막을 들어보니 본인은 모 지방 교육행정공무원인데 업무시간에는 사적인 통화를 하기 어려워서 처음 한두 번은 보험회사에 연락을 취한 후 자기도 받겠지 하는 생각으로 그냥 기다렸다는 것이었다. 요즘처럼 각박한 세상에 이런 양반도 있구나 하는 생각이 들었다.

'양반 일병구하기'에 참전하기로 했다. 그동안 보험회사와 주고받은 자료와 임차인에게 보낸 자료 그리고 소송판결문 등 일체의 관련 자료를 모아서 내게 보내라고 했다. 사실관계를 정리하면서 어떻게 하면 보증보험회사 입장에서 보험금을 지급할 수 있을까를 고민했다. 내가 파악한 보험금 미지급액은 전체금액이 아니고 연체 임대료 및 관리비 부분에 대해서는 임대인과 조금 차이는 있지만 지급을 결정하였고, 원상회복 비용에 대해서 특이한 논리로 지급거절을 한 상태였다.

'1심 판결문에서 본 건의 임대차 계약은 00년 0월0일인 소장 부본이 송달한 시점으로 본다'라는 판결의 이유부분을 근거로 보증보험 계약기간 만료 후의 사건이라 보험금 지급대상이 될 수 없다는 담당자의 강력한 의사를 알 수 있었다. 반박 무기를 만들어야 했다. 보험회사의 지독함을 경험하는 순간이었다.

다시 한번 자료를 검토하면서, 제일 먼저 떠오르는 논리가 바로 판결문이었다. 학교 때 배운 판결문의 효력은 대법원 판결내용이라도 법규와 마찬가지로 일반적인 효력을 가지지 못한다. 단지 유사 사건에서 유력한 참고사항일 뿐이다. 하물며 1심 판결문은 더욱 힘이 미약하다. 민사소송법의 법 규정을 읽어보았다. '그래 이거야!' 민사소송법은 216조 기판력의 객관적 범위에서 ①항에 '확정판결은 주문에 포함된 것에 한한다'라고 규정되어 있다.

보증보험회사는 어떻게든 보험금 지급액을 줄이기 위해서 본인들에게 유리한 주장의 근거를 마련해야 한다. 판결문을 근거로 하면 충분히 설득력이 높다는 것을 예상한 모양이다. '그런데 어쩌냐? 판결문보다 법규가 우선이고 더 힘이 센데.'

내가 만든 자료를 공문형식으로 만들어서 임대인이 보내는 것처럼 메일로 보증보험회사에 보냈다. 그리고 임대인에게 모든 상황을 공유했다.

다음날 전화가 왔다. "사장님 보상지원부 과장님의 목소리가 달라졌어요~."

그 다음날 다시 전화가 왔다 "사장님 내일 오후에 보험금 전부 지급해준데요. 감사합니다."

나도 내 일처럼 기분이 너무 좋았다.

● P o i n t

　　– 악에 대해서는 당당하게 맞서고 선에 대해서는 최선을 다하라.

5-5

업무 매뉴얼로 승부하기

부동산 중개업무의 마지막 단계이며 가장 기다리는 순간이 바로 중개보수를 받는 시간이다. 법률상으로 중개보수는 계약서를 작성하면 바로 '중개보수 채권이 발생'하여 거래를 성사시킨 중개사는 중개보수를 받을 권리가 생긴다. 하지만 중개보수를 실제로 받는 시기는 임차인이나 매수인이 잔금을 지급하고 목적물을 인도한 후에 받는 경우가 중개실무 현업의 관행이다. 당초 계약한 내용대로 순조롭게 계약의 내용이 이행되면 큰 문제가 없겠지만 중간에 생긴 사정으로 인해 계약진행에 문제가 발생한다면 중개보수를 청구해서 받아내는 일이 실제로 어렵다. 그럼에도 그동안 중개사가 들인 노고와 받을 수 있었던 중개보수의 금액 등에 따라 최소한 법적으로 중개사는 중개보수를 각 당사자에게 청구할 수 있다. '계약도 제대로 마무리 안 되었는데, 무슨 중개수수료냐'라고 당사자, 특히 임대인매도인은 펄쩍 뛰지만 법적으로는 중개보수를 청구해서 받을 권리가 분명히 있다. 그런데 임차인매수인에게는 실제로 받아내기 어려운 경우가 많다. 통상 계약이 이행되지 못하는 경우는 계약을 하고 계약금을 지급한 후에 발생한 사건 때문이다. 임차인매수인의 피치 못할 사정인 단순한 변심과 경우에 따라서는 간혹 임대인 측에서도 사건이 발생한다. 즉, 임차인 등이 계약금을 포기하면서 계약을 파기하는 경우이다. 이 경우에도 임대인은 이미 수령한 계약금이 있어 중개보수를 지급하는 데 금전적인 어려움은 전혀 없지만 임차인의 경우는 계약금을 포기하면서까지 계약을 진행하지 못하는 딱한 사정을 무엇보다도 잘 알고 있는 중개사의 입장에서 인간적으로 청구하는 것이 사실상 불가능하다.

'하는 일도 없으면서 왜 이리 중개수수료가 높아요?' 종종 듣는 기분 나쁜 소리다. 이때는 감정적 대응보다는 고객들의 불만사항에 대해 준비된 체계적인 대응을 해야 한다. 우선 '업무 매뉴얼'을 만들어야 한다. 누구나 수긍이 갈 수 있을 만큼 타당성을 기본으로 내용들이 채워져야 한다.

디테일한 업무진행 맵 만들기

오피스텔 전매가 한창인 시기였다. 아직 분양권 상태라서 등기 전이다. 단순 매매에 비해서 미등기 상태에서 분양권 양도는 좀 복잡한 절차와 알아봐야 할 곳도 여러 곳이 된다. 우선 시행사에게 분양권 전매절차를 확인한다. 필요한 서류와 소요되는 업무시간도 확인한다. 보통 시행사에게는 전매 당일 며칠 전에 해당호실에 대한 정보를 알려주어야 시공사와 신탁사에 연락해서 각자 보관하고 있는 분양계약서 원본을 가져온다. 그리고 중도금 대출을 시행한 대출은행에도 연락을 해서 은행대출금 승계절차도 꼼꼼히 확인해야 한다. 그 다음에 거래 양당사자에게 계약서 작성일자를 확정받고 계약일에 준비해야 할 것을 통보해준다.

계약 당일에 이 모든 것들이 한 번에 한 치의 오차도 없이 마무리되어야 하기 때문에 나는 전체 진행과정에 대한 세부적인 업무플로어를 작성하기로 했다. 각 단계마다 소요되는 예상시간까지 기재했다. 계약일에 일어날 수 있는 예상 상황을 머릿속으로 그리면서 혹시라도 생길 수 있는 변수를 다시 한 번 고려했다. 다행히 시행사 전매업무 사무실은 입주단지 건물이어서 장소적 이동의 번거로움은 없었다. 그런데 대출은행은 도보로 움직일 수 있는 거리가 아니었다. 콜택시를 예약했다. 택시가 출발하는 구체적인 시간을 확정하기 어려워 여유있게 택시이용 시간을 계약해서 모범 콜택시 회사 기사님과 사전에 예약을 해 두었다. 내 차보다는 택시를 이용하는 것이 더 효율적이라고 생각했다.

'분양권전매절차 안내'라는 타이틀로 된 진행표를 상세히 작성해서 매도인과 매수인에 보내서 준비사항을 꼼꼼히 체크했다. 안내서에는 부동산 중개수수료 금액까지 확실히 100원 단위까지 기재하고 밑줄까지 그었다. 예민하고 번잡한 전매당일에 중개보수문제로 실랑이를 벌이고 싶지 않았다. 분양권 전매절차를 나는 하루 만에 처리하려고 계획했기 때문에 아주 사소한 실수도 용납하면 안 되었다. 분양권 전매계약서를 체결하자마자 매도인과 매수인간에 프리미엄을 포함한 금전정산이 이루어지고 몇 시간씩 소요되는 구청 실거래 신고를 하고 바로 구청에 직접 전화를 걸었다. 빨리 처리해 달라고. 그리고 은행의 대출승계업무를 진행하고 나서 최종적으로 시행사 사무실을 방문해서 원본 분양계약서에 날인을 함으로써 분양권 전매계약이 마무리된다.

집으로 돌아갈 일만 남은 사람에게 중개보수협상을 하면 제대로 술 사람도 없을 것 같다는 상황이 예감되었다. 그래서 중개보수는 은행 대출업무 승계를 하기 전에 부동산 사무실에서 당사자 간 프리미엄 정산이 끝나는 시기에 받았다. 입주 당시는 분양권 전매 업무를 하는 사람들로 붐빈다. 미리미리 준비를 하지 않으면 허둥대기 딱 십상이다. 허둥대는 상황이 발생하면 가장 마음이 급한 사람이 매수인이다. 왜냐하면 자기는 줄 돈을 다주었는데 혹시라도 명의 이전을 못 받을까봐 걱정이 많다. 은행에 가더라도 한 동안 대기하여야 한다. 시행사와는 업무시간을 예약했지만 제 때 가지 못하면 한참을 기다리거나 그날 업무를 못 볼 수도 있다. 그렇다면 정말 큰일이 일어난다. 이미 매도인은 프리미엄을 받아 서류만 넘겨주면 되지만 시행사에서 할 직접 서명 과정이 남아있어 대출승계절차가 마무리되지 않으면 다른 서류들을 다 가지고 있다고 해도 업무가 마무리될 수 없었기 때문이다. 치밀하게 계산된 외과수술을 하는 기분으로 분양권 전매 업무를 진행하였다. 다른 부동산은 어떻게 하는지 궁금했지만 나는 고객중심으로 최대한 예측이 가능한 상황에서 업무를 진행하려고 하였다.

사실 '전매라는 것이 한 번이니 참고 견디지 다시 하라고 하면 못할 것 같은데'라는 고객의 불만사항을 자주 접했기 때문에 더욱 준비를 해야만 했다.

사무실 운영 원칙

다른 운영 매뉴얼에 관한 얘기를 해보자. 부동산 사무실에서는 직원들이 두 명 이상이 많다. 각자가 담당하는 종목이 다르면 큰 문제가 없지만 겹치는 경우에는 직원들 간 이해관계를 잘 조정해 주어야 한다. 오랜 기간 사무실을 운영하는 부동산이라면 나름의 기준과 사무실 운영원칙이 있어 직원들은 그 기준을 따르면 된다. 그런데 신규로 오픈을 하였거나 어설픈 운영방침을 세웠다면, 현실에 맞게 기준을 변경할 필요가 있다. 아무리 작은 부동산 사무실이라도 사무실 운영 원칙이 있어야 한다. 직원 없이 대표 혼자 사무실을 운영해도 원칙은 필요하다. 더구나 복수의 직원이 있을 경우에는 반드시 명문으로 작성된 문건으로, 직원도 따르고 사장도 그 내용을 준수해야 사무실이 제대로 돌아간다. 부동산도 엄연한 회사이고 조직체이기 때문이다. 내가 사장이라고 일방적으로 자신에게 유리하게만 원칙이 정해진다면 그 순간 그 원칙은 무용지물로 변할 것이다. 원칙을 수립할 경우에는 최소한 직원과의 합의가 필요하다. 나중에 원칙의 수정 필요성이 생기면 유연하게 개정해야 한다.

내가 5명의 직원을 두고 사무실을 운영할 시절의 얘기다. 모든 직원들이 입사를 하면 나는 근로계약서에 해당되는 '프리랜스 계약서'를 작성하였다. 사전에 충분히 내용을 설명하고 궁금 사항에 대해 설명을 빼먹지 않았다. 본인의 근로계약이니 관심을 당연히 가지는 것이 상식적이다. 특히 직원의 수익배분에 관한 세부기준, '워킹인 고객'이 방문할 때 누가 담당을 할지에 관한 것도 구체적으로 기준을 정했다. 혹시라도 한 직원에게만 고객이 몰리는 현상을 최소한 방지할 필요는 있었다. 단, 고객이 담당직원을 지정할 경우에는 예외로 규정했다. 사무실에서 일하는 동안은 전부가 '원팀'이라는 팀플레이 의식을 고취시키기 위해 꾸준히 인센티브를 제공하는 이벤트도 실시했다.

내가 실시한 이벤트의 한 예는, 직원들의 매물확보작업을 진작시키기 위해서 일종의 경품이벤트로 상품권을 지급하였다. '오늘 4시까지 신규매물 확보를 제일 많이 하는 직원에게는 상품권 10만 원을 지급한다'라는 방식이었다. 매일매일 매물리스트를 대표인 내가 취합해서 자료를 확보하고 있어서 신규매물에 대한 확인 작업은 굳이 할 필요가 없었지만 직원들의 열의를 고취시키는 데는 나름 효과가 있었다. 직원들의 화합에 있어 가장 문제가 된 경우는 먼저 들어온 직원의 일종의 텃세였다. 나중에 이 직원이 여러 가지 심각한 문제를 계속 일으켜서 정리를 하기는 했지만 좀 더 빨리 해결해 주지 못한 아쉬움은 남았다. 나는 사무실 운영방식으로 아침에 만나 회의를 하는 것도 좋지만 문서로 남겨두는 방식이 좋다고 생각했다. 구두로 하는 방식은 안정감을 주지 못했고 신뢰성도 부족하다고 판단해서 신중하게 내용을 문건으로 작성해서 직원 모두가 읽고 내용을 숙지하게 하고 또 나중에도 계속해서 찾아볼 수 있는 방식이 좋다고 생각했다. 이런 식으로 사무실 운영체계를 갖추다 보니 웬만한 사무실 운영규정은 다 구비가 되는 것 같았다. 직원뿐만이 아니라 사장인 나도 그 규정에서 자유로워질 수가 없었다. 처음에는 번거롭게 여겨졌던 과정들이 일정한 질서 속에서 안정화되고 있었다. 고객과 마찬가지로 직원도 사장에게는 내부고객이다.

중개보수에 관한 나만의 운영철학은 이렇다. 중개보수는 확인설명서란에 중개보수 액수를 기재하긴 하지만 고객들은 잘 안보는 것 같았다. 그저 최고한도로 형식적으로 기재하고 잔금 시에 구체적인 협상을 통해 지급하면 된다고 생각하는 것 같다. 중개사도 또한 별반 다르게 생각하지 않는 것 같다. 나도 그런 편이지만, 상황에 따라서, 고객의 성향에 따라 중개보수 문제에 대해서 분명히 할 필요가 있었다. 안그러면 나중에 큰 고민거리가 될 수 있기 때문이다. 다른 일은 모두 똑부러지게 하는데 가장 중요한 내 성과물인 보수문제에 대해서는 현명하게 처신하지 못한다면 누가 대신해서 해결해 주지 않기 때문이다.

● **Point**

- 말보다는 문서로 기준을 정하고 기준이 정해지면 사장부터 솔선수범해라.

6
PART

시스템으로
승부하라

6-1

직원과의 시작은 근로계약서로

아무리 작은 기업이라도 직원을 채용할 경우에는 근로계약
서 체결은 기본이다. 요즘에는 알바채용을 할 경우에도 근로
계약서 작성이 의무사항으로 되어 있다. 대표 1인이 운영하는
부동산도 많지만 직원을 채용할 경우에는 필수적으로 근로계
약서를 작성해야 한다. 정확하게 법적으로 근로계약서가 아
닌 일종의 '프리랜서 계약' 형식이다. 다른 자영업과 달리 부
동산에서 직원의 급여체계는 좀 특별하다. 기본급을 지급하
는 경우도 있지만, 기본급을 지급받는 직원이 하는 업무는 중
개업무가 아닌 일반 사무보조를 하면서 서류정리 · 청소 · 손
님 차 접대와 같은 중개업무 이외의 일반적인 업무를 담당하

게 된다.

　부동산 실장여자의 경우 통상 부르는 명칭, 부장남자의 경우 통상 부르는 명칭의 경우처럼 부동산 중개정확하는 중개 보조 활동을 의미함업무에 종사하는 경우에는 원칙적으로 기본급, 즉 급여라는 것이 없다. 부동산 중개사무실 실상을 잘 알지 못하는 사람들에게는 좀 당황스럽겠지만 그래야만 하는 이유가 있다. 부동산 사무실의 영업매출은 꾸준한 경우보다는 경제적 상황, 계절적 요인, 취급하는 부동산 매물의 종류에 따라, 즉 부동산 영업매출 발생 속성상 매우 불규칙하며 일정한 수익을 예측할 수 없기 때문이다. 업계 사정이 이러하다 보니 사장의 입장에서 직원에게 일반 직장처럼 정액의 급여를 지급할 수가 없다. 그래서 처음 부동산 중개시장에 진입하는 중개사들조차 이런 급여구조의 관행에 대해 잘 이해하지 못한다. 그러나 조금만 중개업 시장에서 적응하다 보면 자연스럽게 이해가 간다. 그리고 부동산 중개사무실에 대해 제대로 알고 있는 직원의 입장에서도 다른 직장의 경우처럼 기본급을 원하는 사람은 거의 없다.

　직원이 될 사람과 함께 일하기로 합의를 보았다면, 필수적으로 직원과 일종의 근로계약서를 체결하여야 한다. 계약서 체결은 사장과 직원 모두를 위해 거쳐야 하는 필수적 절차이다. 절차의 핵심은 좀 전에 언급한 것처럼 근로계약서의 제목 및 계약의 내용이다. 쉽게 말해서 근로계약서 체결로 일반적인 고용관계가 성립하는 것처럼 보이지만 실질적으로 사장과 직원은 근본적인 급여체계의 특수성에서 비롯되는 '동업 내지 프리랜서 계약 관계'라고 둘 사이의 관계를 분명히 설정하여야 한다. 따라서 일반 근로자처럼 주당 52시간 근로시간 준수, 공휴일 휴무, 연가일수 보장, 퇴직금 지급 등의 근로계약기본법에서 규정하는 제반 규정들이 적용되지 않는다. 물론 정액의 급여를 받고 출퇴근 시간과 휴무일을 정하고 일하는 사무보조 직원은 예외이다.

사장과 실장이나 부장은 서로의 영리활동을 위해 최대한 효율적으로 함께 일하면서 쉬는 시간, 역할분담을 나눈다고 보면 이해하기 쉽다. 단지 사장은 부동산 사무실 개업을 위한 여러 가지 투자를 한 사람이고 직원은 이곳에 중개보조원으로 활동하기 위해 일터를 구하러 온 사람으로서 분배되는 이익의 비율과 책임지는 내용 등이 다를 뿐이다. 극단적인 경우로 직원은 출퇴근에 얽매이지 않고 오직 성과만을 위해 근무시간을 자유롭게 결정해도 무방한 관계이다. 실제로 이런 방식으로 부동산 사무실을 운영하는 곳도 꽤 있다. 물론 소속감이 떨어져서 오래가지 못할뿐더러 성과도 지속되기 어렵다.

　초보 중개사들은 어렵게 자격증을 따고 부푼 꿈을 안고 부동산 사무실에 이력서 내고 면접을 본다. 채용과정을 거치면서 직원의 입장에서 가장 중요한 부분이 바로 급여를 포함한 근무조건이다. 일하고 싶은 사람의 입장에서는 최소한 많은 금액은 아닐지라도 일정한 고정급에 자신이 일한 만큼의 성과급을 원한다. 그러나 사장의 입장에서는 정반대이다. 고정급은 아예 없고 성과급 비율도 자신에게 유리하게 책정하고자 하는 것이 현실이다.

　엄밀하게 말해서 부동산 자격증을 따는 과정은 자신을 위한 일이다. 부동산 업계에 뛰어든 사람이라면 당연히 따야할 기본일지도 모른다. 그러나 자격증을 딴 이후 실제로 현업에서 일하는 데는 서운하게 들릴 수도 있지만 자격증만 보유한 자는 역설적으로 매출을 올리는 데는 큰 도움이 되지 않는다. '헉! 무슨 말인가?' 궤변스런 나의 주장을 설명하기 전에 한 가지 비유를 들어야겠다.

　'문무文武를 겸비하다'라는 말이 있다. 장수로서 선비로서 모든 것을 갖춘 능력자를 의미한다. 나는 실무경험은 없지만 공

인중개사 자격증을 취득한 사람을 문文을 갖춘 사람이라고 생
각한다. 그리고 '무武'를 갖춘 사람은 공인중개사 자격증을 아
직 취득하지 못했지만 오랜 실무경험으로 아는 것도 많고 누
구나 직원으로 뽑고 싶은 사람이라고 생각한다.

문무를 겸비하다

부동산도 영업력이 무엇보다 중요하다. 특히 서류작업 이
상으로 활동력을 가지고 있어야 한다. 순간 기회포착 능력도
뛰어나야 한다. 센스도 있어야 하며 때로는 호텔리어 못지않
은 세련된 서비스 정신도 필요하다. 단, 실무경력이 아무리 많
은 사람도 '무武'와는 전혀 무관한 사람들이 많다. 폄하하면 그
냥 위험한 기술자 수준이다. 삶의 현장을 치열함을 기준으로
순위를 매길 때, 상위 순서로 놓일 만큼 부동산 중개업 현장
은 전쟁터 같다. 소총을 다루는 재래전쟁 수준에서 이제는 핵
무기와 최첨단 정보전을 사용하는 세계 대전 수준으로 규모가
커졌다.

전쟁터에서는 문인보다 무인이 대우받는다. 하지만 같은 무
인이라도 지략과 전술을 구사할 수 있으면 더 귀하게 대우받

을 수 있다.

　공인중개사와 중개업 전반을 규제하는 공인중개사 법령의 대부분의 내용은 개업 공인중개사를 규제하는 일변도이다. 자격증 없이 전투력만 갖춘 '무인武人'은 형사법상 저촉되는 행동을 하지 않는다면 규제대상에서 제외된다. 아이러니하게도 중개업 시장에서는 법을 잘 지키고 정직하게 활동하는 사람보다 때론 용감하고 추진력을 가진 사람들이 더 성공을 한다. 중개는 법률행위가 아니다. 사실행위이다. 다만 법적 테두리 내에서 활동범위가 제한되는 룰을 지켜야 한다.

　초보 공인중개사를 고용하는 대표의 입장에서는 당사자가 중개활동 경험이 전혀 없다면 정말 큰맘을 먹고 그 사람을 고용한다고 보면 된다. 영업 및 업무능력도 검증되지 않고 아직도 생생한 중개사법 지식만을 무기로 전쟁터에 내보내는 심정인데 언제 승전보를 가져올지 알 수가 없기 때문이다. 그리고 부동산은 정보를 파는 서비스업이다. 누군가가 나쁜 마음을 먹는다면 수십 년에 걸친 정보자산은 순식간에 날아갈 수도 있다. 무인은 문인보다 주인의 정보자산에 관심이 덜하다. 당장 자신이 직접 사용할 수 없기 때문이다. 민감한 내용이라 좀 우회적으로 표현했다.

사회생활에 있어서는 서로의 관계정립이 중요하며 그 출발이 계약서이다. 직원의 입장에서도 처음 접하는 중개업 시장에서 자신보다 경험이 많고 유리한 지위에 있다고 생각한 대표가 자신을 부당하게 대우하거나 이용한다고 생각하면 불안해 할 것이며 어느날 갑자기 사직을 얘기할 것이다.

나는 처음부터 직원과 함께 일을 시작할 때, 분명하게 문서로 계약을 체결하고 일을 시작하였다. 때때로 계약서 내용이 완벽하지 않아 수정의 필요성이 있을 때는 협의하여 수정을 했다. 계약서를 작성하면서 서로가 동업자라는 의식이 들었고 존중하는 마음이 생기기도 했다. 직원이 처음과 다른 부정적인 방향으로 흐를 때는 계약서 내용을 가볍게 상기시키면서 주의를 환기시켰고 나 또한 가끔 계약서 내용을 들춰보면서 계약체결 당시의 나의 마음가짐을 되새기기도 하였다.

문서보다 마음과 신의가 더 중요하다는 얘기는 이제는 거짓말이 된 것 같다. 가까운 사이일수록 그리고 비즈니스 관계일수록 문서화가 더욱 요구된다.

중개업 시장에서 직원들의 이직률은 상당히 높다. 직원과 체결하는 계약서에는 합리적인 내용으로 구성된 직원의 이직에 대한 내용도 포함된다. 힘이 있는 자는 제도를 통해 자신의 기득권을 유지하려는 본능이 생길 것이다. 계약서 체결은 어쩌면 직원을 위해 시작할 수도 있지만 궁극적으로는 모두의 이익으로 돌아올 것이라고 나는 믿고 싶다.

● Point

– 제도화는 때론 불편하고 비용이 수반되지만 정착되면 질서의 안정감을 향유할 수 있다.

6-2

작은 아이디어가 불러 온 나비효과

●

생뚱맞게도 사무실 책상 크기에 대한 얘기이다. 가구에 관한 얘기가 아니다. 나는 직원의 책상 크기에 관해 고민을 한 적이 있었다. 다른 부동산 사무실을 방문할 때마다 대표인 사장의 책상은 일반회사 중역 책상처럼 크고 멋진 반면, 직원들의 책상은 대부분 너무 작고 초라했다. 그래서 나는 책상 사이즈만큼은 사장과 직원 간에 차이를 두지 않았고 실제로도 동일한 책상을 주문했다.

책상 크기에 관해 관심을 두게 된 이유는 부동산 사무실 업무는 생각보다 서류작업이 많다. 그리고 부동산 사무실을 운영하다 보면 전혀 예상하지 못하는 사람들이 찾아온다. 길 묻는 사람들은 기본이고 대부분이 부동산이니까 그냥 들어온다. 빈손으로 오는 경우보다 전단지, 홍보책자 같은 두툼한 뭉치들을 선물로 남기고 간다.

언젠가는 대부분의 서류뭉치들은 분리수거함으로 버려질 운명이지만 당징은 쌓아둘 수밖에 없다. 우선 읽을 시간이 거의 없기 때문이다. 딱히 보관해 둘 공간도 마땅하지 않아 책상 위혹은 근처에 보관해 둔다. 부동산 중개 사무실의 흔한 모습이다. 갑작스런 선물 덕분인지 실제 업무를 봐야 하는 책상공간은 더 비좁아 질 수밖에 없다. 처음부터 좁은 공간이라면 더욱 비좁아진다. 왜 우리나라의 부동산 사무실 직원의 책상은 이렇게 좁을까? 커다란 지도는 온 벽을 차지하고 큼직한 화분은 넓은 공간을 차지하면서 정말 커야 할 직원의 책상은 너무 작다.

오래 전 중국 베이징에서 2년간 주재원 생활을 하면서 나는 살고 있던 아파트 단지 입구에 있는 중국의 부동산 중개사무실중국에서는 부동산 중개업소를 우리말로 '방지산'이라고 하며 의미는 '방', '땅' 그리고 '재산'이라는 의미를 가지고 있다을 매일 지나가면서 쳐다 볼 기회가 있었다. 자연스럽게 사무실 내부를 들여다 볼 수 있었는데 책상 크기가 역시나 작았다. 오히려 우리보다 더 작았다. 책

268

상 위에 서류 같은 것도 거의 볼 수가 없었다. 내 아파트 인근이 아닌 다른 지역 중개업소의 책상도 마찬가지였다. 그리고 중국의 일반회사 사무실을 우연히 들를 기회가 있었는데 역시 책상 크기는 작았다. 아마도 많은 사람들이 근무를 하고 있어 공간이 부족하다 보니 그럴 수 밖에 없다고 이해했다.

반면에 우리나라 일반사무실 직원의 책상은 부동산 직원의 책상과 비교할 때 다르다. 유독 부동산 사무실 직원의 책상만 작은 것 같다. 이유에 대한 연원을 거슬려 올라가서 추측을 해보면 부동산의 주된 업무 활동이 현장 임장활동이다보니 직원들이 책상에서 서류 작업을 할 일이 적어서 그런 것 아닌가 조심스럽게 생각해본다. 임장활동은 직원이 전담하고 사장은 사무실에서 계약관련 서류작업을 해야 해서 책상이 커야 한다는 이유였다면 이제는 바뀌어야 한다고 생각한다. 직원의 책상 크기를 줄이는 결정은 비약하면 직원의 업무능력을 축소시키는 바보 같은 짓이다. 오히려 사장의 책상보다 더 커야한다. 그렇다고 직원에게만 일을 다 시키고 사장은 일을 안 해도 된다는 말은 아니다. 작은 생각의 차이가 큰 결과를 불러온다. 중요하지도 않은 일로 사장의 위신을 세울 필요는 없을 것 같다. 내가 구매해서 직원에게 제공한 책상의 소유권이 바뀌는

것은 아니지만 책상 크기 하나로 사무실 운영 방향이 결정될
수 있다.

위치의 중요성

이번에는 책상 위치에 관한 얘기를 하고 싶다. 이 책의 독자
층이 초보 중개사이고 막 개업을 했다는 가정을 전제로 한다.
나는 내 책상 위치를 출입문 앞으로 배치했다. 처음부터 그런
것은 아니었지만 어느 날 내 자리를 사무실 입구 쪽으로 배치
해야겠다는 결정을 내리고 실행했다. 출입문을 열고 고객들
이 들어오면서 부터 자신의 문의사항을 얘기한다. 나의 직원
은 유능했지만 하는 일이 많았다. 갑자기 들어온 고객의 문의
에 멈칫하는 경우가 생긴다. 그리고 내 눈에는 잡상인으로 보
이는 사람까지 고객인 줄 알고 소중한 시간까지 소모하기 일
쑤였다. 반면에 사장인 나는 사무실 안쪽에 앉아서 별로 바쁘
지도 않으면서 인터넷 뉴스검색에 시간을 보내고 있다. 하루
이틀이 아니다. 이 사무실의 주인은 나다. 사무실이 잘 되어야
한다. 매일 머리로만 욕심으로만 잘되길 바라지 말고 좋은 방
안이 있으면 실천해야 했다.

"이 실장! 나랑 책상 위치를 바꾸자."

대뜸 나는 결심을 밝혔다. 당연히 이 실장은 영문을 몰라 멍하다. 이유를 설명했다.

"그냥 이 실장이 고객들과 상담을 차분하게 하려면 입구 쪽에 있는 것보다 안쪽에 앉아 있는 것이 좋을 것 같아서"라고만 설명했다.

이 실장도 안쪽이 좋았는지 반기는 표정이었다. 말이 끝나자마자 바로 책상을 이동했다. 사무실 책상 배치가 변경되면서 많은 긍정적인 변화가 일어났다. 고객과 비고객의 구분활동이 쉬워졌다. 직원과 자세한 상담을 원하는 고객들은 사무실 안쪽으로 안내받는 것에 대해 편안함을 느꼈다. 예전 같으면 상담과정에 문을 열고 들어오는 제3손님 때문에 상담 분위기가 끊어지기도 했는데 그러지 않았기 때문이다. 그리고 큰 돈을 들이지도 않으면서 직원 복리후생을 제공했다는 자긍심도 생겼고 직원도 느끼고 있는 것 같았다.

책상 위치 하나로 이렇게 많은 것을 얻을 수 있는 것에 나도 놀랐다. 물론 안 좋은 것도 있다. 우선 사장인 내가 폼이 좀 안 나는 것 같았다. 하지만 5분간만 그런 생각이 들었고 다시는 그런 생각이 안 났다. 바뀐 배치에 대해 여러 사람들이 동일한 질문을 했다. 왜? 나는 긴 설명은 하지 않았고 그냥 안쪽이 답답해서 그랬다고 대답했다. 하지만 나랑 부동산 운영을 하는 와중에 가끔은 깊은 부분까지 상의를 하는 지인은 내게 얘기했다. 참 기발하고 좋은 아이디어를 실천했다고 자신도 그렇게 하고 싶다고 말이다.

새로운 직원이 추가되면서 지금은 다시 내 자리가 안쪽으로 변경되었지만, 당시의 나의 선택은 많은 도움이 되었던 것 같다.

초보 중개사에게 당부하고 싶다. 기존의 부동산 운영 방식은 일단 철저히 무시하고 제로 상태에서 자신의 성공에 도움이 될 만한 것을 선택적으로 가져다 활용하고 부족한 공백은 자신의 참신한 아이디어로 채우는 습관을 길렀으면 한다.

나는 사무실의 물리적인 면을 강조하고 싶은 것이 아니라 소프트웨어 측면을 강조하고 싶다. 책상 크기나 사장 책상 위치는 물리적인 것을 얘기하는 것이 아니라 질적인 측면을 얘기하고 있다는 것을 잊지 말았으면 한다.

부동산은 누구든 찾아와서 상담을 하면 좋은 징조이다. 좀 여유가 된다면 사랑방처럼 운영되는 것도 나쁘지 않다. 절간처럼 너무 조용한 모습보다 낫다. 그렇다고 동네 한량들의 단

왕초보 부동산 중개 그냥 따라하기

골 아지트가 되어서는 안 된다. 결국은 사장이 적절하게 사무실을 운용할 문제이다.

물 한 컵이 계약으로

사무실 운용과 관련된 것은 아니지만 세심한 배려가 가져온 기분 좋은 경험사례를 한 가지 얘기하고 싶다. 무더운 여름이었다. 조금은 뚱뚱한 젊은이가 자꾸 사무실 앞을 왔다 갔다 하였다. "무슨 일 있으세요? 들어와서 시원한 물 한잔 드세요?" 심심하기도 하고 궁금하기도 해서 인사치례로 한 말이었지만 말이 떨어지기가 무섭게 이 젊은이는 사무실에 들어와서 물을 벌컥벌컥 마시면서 명함 한 장을 건네주었다. 유명 치킨 B○○ 본사에서 지점을 새로 내기 위해 시장조사를 나온 직원이었다. 젊은이는 들어 온 김에 본인의 출장 목적을 실현시키기 시작했다. 나도 흥미를 느끼면서 묻는 질문에 기꺼이 내 생각과 의견을 주고받았다. 한 시간 가량 대화를 마치고 그 젊은이는 돌아갔다.

2주일 정도가 흘렸을까? 전화를 받았다.

"사장님~ 저 B○○ 00과장입니다."

처음에는 잘못 걸려온 전화인줄 알았다.

"지난번, 감사했구요. 오늘 본사에서 그쪽에 지점을 내기로 결정해서 오늘 다시 한번 방문하려고 합니다."

순간 기억이 되살아났다. 약속시간에 딱 맞춰서 낯선 신사와 함께 방문한 그는 관심 상가를 둘러보고 나서 "이거 우리가 계약할 것 같습니다"라고 했다.

전혀 기대하지 않았던 소득이 생겼다. 딩동댕!! 물 한잔의 위력이 컸다.

● **Point**

- '사장 책상은 크고 안쪽에'라는 고정관념을 바꿔도 좋다.

왕초보 부동산 중개 그냥 따라하기

6-3
아량 속의 결단

또 직원에 관한 내용이다. 이번에는 유쾌한 내용이 아니라서 망설여지지만 그래도 독자들에게 필요할 것 같아 용기를 내보기로 한다. 직원은 단순히 내 일을 보조하는, 내가 급여를 주는 대상으로서만의 존재가 아니다. 특히 부동산 업무에서 직원의 업무 비중과 역할은 사장 이상이다. 물론 제대로 된 직원을 둘 경우이다. 나도 현재 내가 몸담고 있는 문정동 사무실로 이전한 직후 직원 채용공고를 사무실 유리문에 붙여놓았다. 그러자 그 다음날 바로 전화가 왔다. 채용공고를 보고 전화를 드린다고 했다. 광고를 붙인 지 아주 짧은 시간이어서 약간 의아했다. 부동산 사무실 유리문에만 채용공고를 붙여 놓았는데 안내문을 보았으면 바로 들어와서 대면으로 얘기할 수도 있었는데 전화로 입사 지원의사를 알려왔기 때문이다. 언제든지 오라고 했다. 이력서와 간단한 자기소개서를 들고, 30대 중반의 여성이 사무실로 들어왔다. 법무사 사무실, 오피스텔 분양팀 등 일핏 보기에도 부동산과 관련한 업무 경력이 적지 않았다. 자기 소개서는 보지도 않았다. 왜냐하면 나도 취업을 위해 자기소개서를 작성할 때 스스로 느낀 것이 하나 있었는데 바로 자기소개서를 작성해서 제출하는 것이 정말 쓸데없는 과정이라고 생각했기 때문이다. 그럼에도 자기소개서를 작성해서 오라고 한 이유는 이력서 한 장만 작성해서 들고 오는 것보다 지원자의 의지와 최소한의 절차를 둠으로써 부동산 취업도 일반회사 취업과 비슷하게 생각해달라는 취지 이외에 다른 이유는 없었다.

그리고 자기소개서를 볼 필요가 없는 두 가지 이유가 있다. 첫째, 우선 자기소개서 내용은 자기소개서 작성시점 이전 자신의 과거사를 자서전의 형식으로 채우게 되는데, 어디서 태어나서, 어떤 부모님 아래에서, 어떤 가정환경 속에서 성장해서, 학교생활은 어떠했고, 성격은 어떠하며 특기는 어떤 것이다. 너무 판에 박힌 형식적이라서 싫었다. 둘째, 자기소개서 내용은 과거의 일이다. 나는 사람은 잘 변하지 않는다고 생각하는 사람이지만 그래도 자신을 위해 이기적으로 노력하는 본능을 가진 존재라고 생각하고 있다. 자기소개서에 담지 못한 과거의 자랑스럽지 못한 경험을 가진 사람도 나와 일하는 동안은 서로에게 도움이 되고 즐거운 시간을 보낸다면 그것으로 충분하다고 생각하기 때문이다.

지원자와 잠깐의 면담을 하고 채용을 결정했다. 부동산 사무실 업무에 대해서도 조금은 이해를 하는 것 같았다. 무엇보다도 막 입주장을 준비하는 시기여서 일도 많은데다 직원채용에 대해 시간을 많이 투자할 수 상황도 아니었다. 잘 모르면 일하면서 배우면 된다고 생각했다.

사무실은 매일같이 눈코 뜰 새 없을 정도로 매우 바빴다. 7평 정도의 사무실에 손님들이 10분 간격으로 들어왔다. 이렇게 바쁜 상황이 3개월 동안이나 반복되었다. 일요일도 없었다. 개업 후 6개월 동안 설날 당일 오후에 출근한 것 말고 하루도 쉬지 않았다. 그러던 어느 날이었다. 한 단지의 입주가 마무리되고 예전에 비해 사무실에서 모처럼 여유로운 시간을 보내고 있을 때였다. 그냥 방문하신 고객이 뜬금없는 얘기를 하고 갔다.

"김 대표님! 젊은 사람이 열심히 사는 것도 좋지만 너무 사소한 부분까지 욕심 안내는 것이 좋습니다."

"예? 무슨 말씀이세요?" 돌아오는 대답이 "지금 부동산 영업 잘 되시잖아요? 부동산만 열심히 해도 되시는데 굳이 어렵게 사시는 분들에게까지 영업을 하실 필요는 없을 것 같아서 드리는 말씀입니다. 여기 새로 오신 것 같고 또 열정적으로 일하시는 것 같아 보기 좋아서 도움 되시라고 한 얘기입니다." "……."

입주청소와 소개비

나는 아무 말도 하지 못했다. 그리고 순간적으로 무엇인가 머릿속에 떠오르는 것이 있었다. 입주 시기에 부동산 업무는 중개 업무만 하는 것이 아니다. 내가 위치한 주상복합 건물에는 630세대의 오피스텔이 입주를 시작했는데 막 준공을 해서 단지 주변은 그야말로 어수선했다. 아주 간단한 청소만 시공사에서 하고 바로 이사를 들어오는 상황이라 임차인이 입주청소를 별도로 해야만 했다. 수십 개의 입주청소 업체가 고객만큼이나 자주 부동산을 방문해서 명함을 주면서 손님들에게 홍보를 부탁했다. 소개를 해주면 얼마를 준다는 식으로 달콤

한 유혹도 남겼다. 방을 보여주는 현장 활동은 주로 실장인 직원이 전담할 수밖에 없었다. 어느 날부터 입주청소를 의뢰한 고객으로부터 '청소가 미진하다'는 하소연이 자주 들렸다. 입주청소야 청소업체가 하는 것이니 부동산 입장에서는 책임질 부분이 아니어서 크게 신경을 쓰지 않았지만 반복되는 불만제기에 불편해지기 시작했다. 직감적으로 추측되는 우려가 있었지만 물증이 있었던 것도 아니고 바빠서 그냥 지나치게 되었다. 보통 청소업체는 한 호실을 청소해주고 12만 원 정도 청소비를 받는데 부동산에 1만 원의 소개비를 준다. 소개비를 주고 나면 그 만큼 자기 몫이 부족하게 되고 결국은 청소 서비스의 질 하락으로 이어지는 것이 상식적이다. 나의 우려는 예상대로였다. 청소업체 사장에게 얘기했다. "사장님 앞으로 제게 주는 소개비는 필요 없으니 차라리 꼼꼼히 청소를 더 잘해주세요." 나의 관리 방식이 옳았는지 그 이후로는 입주청소 불만으로 걸려오는 전화는 없었다. 그러다가 어느 순간부터 불만전화가 다시 걸려오기 시작했다.

입주장 영업이 잘 되서 추가로 직원들을 채용하였다. 세 명이 추가된 네 명의 직원으로 사무실을 운영하게 된 것이다. 직원이 많아지면서 좋은 점도 있었지만 문제도 많이 발생했다.

대표적으로 특정 직원의 물건 독점현상이다. 뿐만 아니었다. 청소업체 소개비에 관해 추한 소문들이 나돌기 시작했다. 처음에는 늦게 들어온 세 명이 힘을 합쳐서 첫 번째 직원 한 명을 '왕따' 시킨다는 생각이 들었지만 결국 객관적 증거들이 쌓여갔다.

증거들 중에 외부에서 들리는 얘기들은 쉽게 무시할 수가 없었다. 첫 번째 직원에게는 상처가 되지 않도록 부드럽지만 단호하게 얘기를 여러 번 했다. 알아듣는 듯하면서도 잘 따르지 않았다. 뜸했던 청소서비스 문제 제기가 다시 잦아졌다. 일대일 면담을 통해 각자의 의견을 듣기 시작했다. 나중에 채용한 직원 중 한 명은 첫 번째 직원과 아는 사이였는데 그 직원의 입에서 내가 우려하던 이상의 얘기가 나왔다. 좀 놀라웠다. 내가 너무 사무실 내부의 일에 소홀했구나 반성이 되었다. 첫 번째 직원과 다시 대화를 했다. 본인도 부인을 하지 않았다. 자신은 먼저 들어왔고 나름 열심히 했는데 내가 신규 직원을 많이 뽑아서 불안해서 그랬다는 이해하기 힘든 얘기를 했다. 하지만 반성은 없었다. 내가 제공한 업무용 전화기를 바로 그 자리에서 회수하고 정산을 해주었다. 나로서도 냉정함과 결단이 필요한 상황이었다.

6-4

결국은 사람

목 좋은 위치에 세련되게 사무실 인테리어를 한 부동산을 어렵지 않게 찾아볼 수 있다. 꼭 부동산에만 한정되는 현상은 아니다. 나의 사무실 인근 동부지방법원 앞 변호사 사무실을 지나가면서 깜짝 놀란 적이 있다. 1층에 변호사 사무실 간판을 내거는 것은 그래도 이해가 된다. 오래 전부터 변호사 업계도 어렵다는 얘기를 심심찮게 들어오고 있던 참이라 이제 변호사 업계도 고객들이 찾기 쉬운 1층으로 내려와서 고객들의 발걸음을 끌어들이려고 노력하는구나 생각했었기 때문이다. 더욱 관심을 끄는 대목은 사무실 인테리어 수준이었다. 고급 수제 커피를 판매하는 커피숍처럼 조명부터 바닥까지 정말 번쩍번

쩍했다. 일반 커피숍처럼 커피머신도 구비하고 있었다. 커피숍인지 사무실인지 외관상으로는 구분이 안 될 정도였다. 실제로 일부 행인이 커피숍인지 헷갈려서 들어가는 것도 몇 번 목격하였다.

사무실 간반 아래 상가 유리창에는 '형사상담 변호사 직접상담'이라는 큼직한 문구까지 새겨놓은 상태였다. 정말 깊은 인상을 주는 광경이었다. 이런 경우와 마찬가지로 좋은 위치에 멋진 시설을 근사하게 꾸며놓은 부동산은 강남 부자동네를 중심으로 생기기 시작한지 벌써 오래되었다. 이제는 신규로 사무실을 오픈하는 부동산들 중 많은 숫자가 사무실 치장에 많은 비용을 지출하고 있다. 조금이라도 더 많은 고객을 확보하기 위한 각고의 노력이라고 생각한다.

그렇다면 사무실을 멋지게 꾸민다고 부동산 영업이 잘 될까? 전문적인 연구가 필요하겠지만 나는 꼭 그렇지 않다는 데에 한 표를 행사하고 싶다. 왜냐하면 첫째, 외관이 너무 강조되면 본질이 가려지는 것은 상식이다. 두 번째 외관에 너무 많은 비용을 지출하면 남은 돈이 줄어들어 정작 필요한 곳에 사용할 기회가 줄어들 수 있다. 그 외에도 여러 가지 논리적인 주장을 할 수 있지만 이쯤에서 생략하고 지금부터 생산적인 얘기를 하고자 한다.

시설 수준은 너무 싸구려 분위기가 나지 않을 정도만 하면 충분할 것 같다. 깨끗하고 심플하면 충분할 것 같다. 정말 신경을 써야 할 부분은 일하는 사람에 관한 이야기다. 며칠 전 길을 걷다가 현수막 하나를 본 적이 있었다. "물건 싸게 팔려고 인테리어 안했어요." 핸드폰 가게 앞에 척하니 붙여놓은 현수막 문구였다. 한편으로는 재밌기도 했지만 안됐다는 생각이 동시에 들었다. '얼마나 손님을 찾으려고 저럴까!' 사람에 대해 이야기를 한다는 것이 너무 변죽이 길어졌다.

대표 1명, 직원 2명

내가 추천하는 부동산 근무인원 수는 3명이 가장 이상적이다. 대표자와 직원 두 명이다. 네 명 이상 인원수가 늘어나면 그만큼 사무실 공간 사이즈가 넓어져야 하고, 직원 관리가 힘들어진다. 고용직원 인원수에 대한 손익분기점이 2명^{대표포함} 3명이라고 보는 것이다. 한 때 5명의 직원을 두고 일을 해 본 적이 있었는데 그 때 경험상 직원 수에 비례하여 매출도 사무실 분위기도 늘지는 않았다. '한계효용체감의 법칙'을 경험했다. 함께 근무하는 직원 수가 2명대표 포함 3명이면 좋은 이유이다. 손님이 방문할 경우에는 이상하게도 한 명만 오는 경우보다 여러 명이 함께 또는 동시에 방문하는 경우가 많다. 마치 '이삿날 손 없는 날'처럼 부동산도 손님이 없다가도 있을 때는 겹치는 '손님 많은 날'이 있다. 이때는 혼자나 둘은 손님 대응하기가 힘겹다.

사무실에 있는 3명의 역할에 대해 상황을 묘사해보자. 고객이 부동산 사무실 문을 열고 들어서면 이 고객이 계약할 고객인지 단순 문의만 하는 고객인지를 순간에 판단해야 한다. 물론 판단의 결과가 다 맞는 것은 아니지만 매우 중요한 능력이다. 계약가능성이 높은 고객이라는 판단을 하게 되면 평소에 미리 정해진 업무 분장에 따라 대표나 담당자가 상담을 하기 시작한다. 중간 중간 걸려오는 전화는 나머지 두 사람이 번갈아 받으면 된다. 그러는 와중에 또 새로운 고객이 방문한다. 나머지 두 사람 중 역할에 맞는 사람이 부동산 사무실 한쪽으로 안내해서 상담을 개시한다. 주로 1차적 상담은 직원들이 담당한다. 대표는 고객과의 상담내용을 귀담아 들으면서 무슨 대화를 하는지 예의주시한다. 그리고 기회를 봐서 중간에 끼어들어 상담을 이어간다. 이런 상황은 다반사다. 그래서 나는 3명이 근무를 할 때가 가장 이상적인 인원수라고 항상 생각해 왔다.

직원구성에 관해 한 가지는 고려해야 할 문제가 있다. 보통 부동산 운영은 가족과 함께하는 경우나 친구나 지인과 동업하는 경우가 많다. 이런 경우에도 한 명 정도는 타인을 고용해서 함께 일을 한다. 가족처럼 친한 사람끼리는 사소한 문제로 티격태격하면서도 금방 화해한다. 그런데 친분관계가 전혀 없는 직원이 자신을 제외하고 끈끈한 관계를 이루고 있는 사무실에서 느끼는 감정은 어떨지 한번 직원의 입장에서 생각해 보면 답을 얻을 수 있을 것이다.

다시 내가 5명의 직원과 일할 때로 돌아가 보자. 모두 여성들이라 외부에서 볼 때 아무 문제나 갈등이 없는 것처럼 평온했지만 시간이 흐르면서 정말 한숨이 나올 정도로 하루가 멀다 하고 문제가 발생했다. 나의 주된 일과가 직원들의 관계개선이 될 정도였다. 옛 말에 '세 명 중에 한 명은 꼭 스승이 있다'는 좋은 말도 있지만, '친구 셋이 어울리면 한 명은 꼭 왕따를 당하게 된다'는 3명에 관한 모순되는 속담이 있다.

직원 수가 홀수가 되면 짝이 없는 직원이 생기게 된다. 두 명의 직원 구성은 사무실 운영에 긍정적인 기여를 한다. 선의의 경쟁관계를 통한 매출확대로 사무실 운영성과에 도움이 될 뿐만 아니라 대표가 없을 경우 서로를 견제하는 기능도 하는 것 같다.

직원은 실질적 파트너

부동산 사무실에서 동료애는 너무 중요하다. 협조사항에 있어서는 협조해야만 모두가 살 수 있다. 사장은 모두가 살 수 있도록 구조화하여야 한다. 그리고 사람을 뽑을 때 초보자 대표일 경우에는 직원에게 더 좋은 대우를 하더라도 자신보다 더 활동적이고 더 경험이 많은 직원을 뽑아야 한다. 내 경험으로는 공인중개사 자격증을 보유하고 있지 않은 중개보조원이라도 무방하다고 본다. 법규상으로 중개보조원의 업무범위는 서무보조에 지나지 않지만 현실은 그렇지 않다. 실력 좋고 성실한 중개보조원들이 맹활약하는 부동산 사무실이 많이 있다.

그러나 생각만큼 경험 많고 실력 있는 직원을 뽑기는 정말 어렵고 인복도 잘 따라주지 않는다. 대부분이 그렇다. 대안은 대표자가 스스로 좋은 직원을 육성해야 한다. 좋은 직원을 육성하는 '담방약'은 좋은 대우이다. 기본적으로 부동산업계는 기본급이 없는 것으로 유명하다. 나는 지금 단순히 커피를 타고 서류를 정리하는 직원채용을 이야기하고 있는 것이 아니다. 나와 파트너가 될 동업자인 직원채용에 대해 이야기하고 있는 것이다. 기본급이 없다는 업계현실에 대해 경험자인 직원은 잘 안다. 하지만 중개업계에 처음으로 문을 두드리는 사람들은 이런 현실에 대해 이해를 하지 못하고 있다.

직원 채용공고를 내면 여러 통의 이력서가 날아왔다. 그리고 고용조건에 대해 전직 교사출신이라고 소개한 남성은 급여가 없다는 얘기에 면접약속을 바로 취소했다. 이해는 했지만 좀 더 업계 실정에 대해 공부를 해야겠다고 생각했다. 기본급이 없는 업계현실은 그렇다 하더라도 법으로 꼭 정해진 사안이 아니다. 사장이 결정해서 기본급을 줄 수 있다. 면접과정에서 꼭 함께 하고 싶다는 느낌이 강하게 드는 경우에는 특별한 제안을 해서라도 그 사람을 잡아야 한다. 특히 초보자는 더욱 그렇다. 구체적인 기본금 금액은 서로가 협상하면 된다. 그리고 기본급을 주는 것에 대해서도 너무 걱정하지 않아도 된다. 성과급을 조정에서 반영하면 된다. 결국은 내가 하고 있는 사업의 확신의 문제이다. 사장과 직원 둘 중에 누가 주인공인 가? 반문해 보라. 기본급을 주더라도 지급기한은 한시적이어야 한다. 부동산에 일하러 오는 직원들은 다른 직장처럼 정해진 월급을 꼬박꼬박 받고자 나오는 사람은 거의 없다. 있다면 그 사람은 내가 채용해야 할 사람이 아니니 좋은 직장을 구하라고 조언하고 헤어져야 한다.

통상 경력 직원에 대한 기본급은 3~6개월이 적당할 것 같다. 기본급 제공기간이 종료되면 이제부터는 성과급으로 수당 제도를 변경하면 된다. 만약 기본급 제공기간이 만료되었는데 사무실 실적이 계속해서 없고 상황이 호전될 기미가 보이지 않아 성과급을 나눌 것이 없는 경우에는 해결책을 다른 원인에서 찾아야 할 것이다.

첫째, 개업한 장소위치가 틀렸다. 둘째, 나의 운영방식이 잘못되었거나 직원이 베테랑이 아닐 가능성이 높다.

급여를 주는 대표에게 잘하는 직원보다는 고객에게 잘해서 매출을 올려주는 직원이 사장에게는 더 고마운 존재다. 사장과 고객 모두에게 잘하는 직원은 바라지 않았으면 좋겠다. 너무 많은 요구사항은 유능한 직원을 떠나게 만든다.

사장은 사장이고 직원은 직원이다. 직원을 대할 때는 돈과 관련된 처음 약속은 아무리 어려워도 그대로 지켜야 한다. 만약 지키지 못할 것 같으면 미리 알려서 동의를 구해야 한다.

지금은 내 직원으로 일하고 있을지라도 가까운 장래에 내 옆에서 강력한 경쟁자로 돌아올 수도 있다.

'내가 탐나는 사람이라면 남들도 함께 하고 싶은 사람'이라는 것을 생각하면서 감사한 마음으로 직원을 대하면 좋을 것 같다.

● P o i n t

- 진짜 신경 써야 할 것은 사람이다.
- 직원은 3명보다 2명이 낫다.
- 사장은 사장이고 직원은 직원이다.

6-5

초보자의 명심보감

낯선 사람을 처음 만나서 어느 정도 대화의 시간이 흐르면, 우리나라 사람들에게는 전혀 이상하지 않은 "실례지만, 무슨 일을 하세요?"라는 질문을 받고 '부동산을 한다'고 대답을 하면 꼭 다시, 물어보는지 독백인지 구분이 가지 않는 말을 한다. "돈 많이 버셨겠네요!" 이같은 이례적인 낯선 사람의 갑작스런 궁금증에 가볍게 대응하는 수준으로 영혼없는 대답만 했는데도 상대방은 계속해서 대화를 이어가려고 노력을 하는 것 같았다. 조금이라도 업무 때문에 만난 사이라면 호의로 받아들이겠지만 전혀 그런 상황이 아님에도 사람들은 '부동산' 얘기만 나오면 돈에 대한 관심을 가지는 것 같다.

이 시대를 살아가는 사람들에게 돈을 번다는 것은 공통적 관심사이지만 유독 부동산에 관해서는 특별한 관심을 가지고 있는 것 같다. 대부분의 사람들이 돈을 벌기 위해 일터로 나가지만 그 일터에서 하는 일에 대해 구체적으로 묻지 않는 게 일반적인데 부동산에 대해서는 다른 반응을 보인다.

회사가 특별한 사업을 하거나 대화 시점의 사회적 이슈와 연관된 회사라면 관심을 가질 수 있다. 요즘처럼 코로나 시국에 '마스크' 관련 회사나 일을 하는 사람을 만난다면 나라도 마스크 회사에 관해 이것저것을 물어보고 싶을 것이다. 하지만 그 사람에게 돈을 많이 버는지에 대해서는 물어보지 않을 것 같다. 그냥 요즘 핫한 업종이라서 '매출이 많이 늘어서 좋겠네'라고만 속으로 생각할 것 같다. 그런데, 왜 유독 부동산을 한다고 하면 '돈'에 관한 질문들을 많이 하는지에 대한 나의 생각을 정리해 본다.

우리 사회에서 어떤 평범한 사람이 갑자기 돈을 많이 벌었다는 뉴스의 내용은 주로 주식투자를 해서 부자가 된 얘기나 부동산에 투자해서 큰 수익을 올린 얘기들이 많다. 주식투자와 관련하여 주식으로 돈을 벌었다는 사람은 주로 당사자의 입에서 시작된다. 전문적으로 주식투자를 하는 투자법인은 회사 결산기에 기업의 실적발표로 알 수 있을 뿐이다. 개인은 주로 개미투자자들이다. 소위 단타 형태로 주식을 사고팔고 하는 일반인을 말한다.

한편 개미투자자인 개인이 주식투자로 인해 많은 매매차익을 얻었다 하더라도 주식거래에 관여하는 증권회사는 거래수수료를 받을 뿐 주식투자 개인만큼 큰돈은 못 번다. 부동산 중개업도 증권회사처럼 부동산 거래 당사자를 매개하는 위치에서 중개보수라는 수수료를 받을 뿐인데 왜 사람들은 부동산 중개업을 하면 특별히 돈을 많이 벌었을 것이라고 생각할까? 우선, 부동산 거래가격 때문인 것 같다. 개인도 주식거래량에 따라 천문학적인 금액을 투자하는 경우도 있지만 이런 큰 손은 일반인들과는 먼 얘기라고 단정하는 것 같다. 반면에 부동산 거래는 국민이면 누구나 할 수 있는 '보편성'이 있다고 사람들은 생각한다.

주식과 부동산에 관한 뉴스는 매일 쏟아지고 있지만 나의 생각으로는 주식 뉴스보다 부동산 뉴스에 관심을 가지는 사람들이 훨씬 많다고 본다. 왜냐하면 주식 뉴스는 이해가 어렵고 재미도 없다. 나도 주식은 1주도 보유하고 있지 않다. 아주 어릴 때 대학교 1학년 주식투자를 한 경험은 있지만 그 이후로 기억나지 않을 정도이다. 하지만 부동산에 대한 관심은 그때부터 계속되고 있고 지금은 부동산 중개업까지 하고 있다.

부동산 뉴스가 재미있다고 생각하는 이유는 '아파트' 가격이 '1주 일' 사이 '1억' '올랐고내렸고', '청약율'이 '몇 백대 일' 등등. 부동산 뉴스에 사용되는 단어 하나하나가 대중들의 관심을 사기에 자극적이다. 반면에 주식 뉴스는 전문적인 용어와 생소한 기업명을 나열함으로써 신문기사 세 줄을 읽어내기도 힘들 정도이다. 나는 부동산을 한다고 대답할 때 묻는 사람에게 온갖 인상을 써가면서 '힘들다' '경기가 안 좋다' 등 부정적인 말들을 잘 하지 않는 편이다. 실제로 힘들 때도 그렇다. 내가 낯선 사람에게 나의 속마음을 말할 필요도 없고 말한다고 하더라도 달라질 것이 없음을 잘 알고 있기 때문이다. 나의 이런 태도가 낯선 사람에게는 '아~ 이 사람은 부동산을 하면서 돈을 좀 벌었구나'라는 신호를 주고 있는 것은 아닌가 하는 생각이 든다. 나도 예전에 월급쟁이 생활을 7년간 해보았지만 사실 월급쟁이에게 수입은 월급이 전부다. 그래서 직장인들은 부수입을 위해 회사와 상사의 눈을 피해 주식투자하느라 정신이 없다. 지금은 많은 회사에서 직원들이 근무시간에 주식투자하는 것을 엄격이 통제하여 과거 같은 현상은 외견상 줄어들었겠지만 스마트폰과 각종 주식투자 앱 등이 발전된 요즈음은 사무실 데스크탑 컴퓨터를 대신할 뿐, 실제로는 줄어들지 않았을 것이다.

작은 이익보다 원칙에 충실하라

나는 주식과 부동산의 접목현상이 '부동산 리츠'라고 생각하면서도 부동산의 투자방법과 주식 투자의 그것은 전혀 길이 다르다고 보고 있다. 주식 투자는 회사에서 컴퓨터만을 이용해서 투자를 할 수 있지만 부동산 투자를 그렇게 하는 사람은 없다. 부동산 투자 행위 속성상 '임장 활동'으로 불리는 현장방문이 필수적이다. 법적으로 필수가 아니다. 투자자가 꼭 해야된다고 스스로가 정한 '대 철칙'으로서 필수인 것이다. 투자 대상 부동산을 본인의 눈으로 보고 확인하지 않으면 매수를 하지 않는 거래 속성이 있기 때문이다. 이처럼 확연히 비교되는 두 투자 시장의 차이점 때문에 내가 만난 고객들은 주식과 부동산 투자를 둘 다 하는 사람은 거의 없었고 대부분 한 가지에 집중하고 있었다.

이 책 앞부분에서 부동산 사무실의 매출구조에 대해 언급한 적이 있다. 다시 한번 부동산 중개사무실의 수익 항목들에 대해 정리하면, 첫 번째가 중개보수이다. 중개보수는 지역에 따라 그리고 중개 대상물 및 거래금액에 따라 상한요율을 초과하는 중개보수 수수는 불법으로 행정재제를 받게 된다고 했다. 그리고 중개보수는 아니지만 중개보수와 함께 실비를 받는 경우가 있다. 그런데 이 실비는 통상 중개보수에 포함시켜 받는 경우가 대부분이지만 포함시키기에 부담이 크거나 중개보수 외에 명백히 고객이 부담해야 함에도 부동산이 대신 지급하는 경우에는 별도로 청구하여 받을 수 있다. 그리고 각종 수수료가 있다. 그 중 대출중개 수수료에 대해 상설하면, 대출은행과 업무협약을 맺은 후 부동산 고객의 대출금액에 대해 0.2% 정도가 주어진다.

다음으로 분양대행 알선수수료는 그 절대금액이 어마어마하다. 적게는 200만 원에서 많게는 분양가의 7%까지 주어진다. 요즘 서울에서 많이 분양되고 있는 오피스텔 주상복합건물 내 1층 상가를 예로 들면 전용 10평 기준으로 할 경우 분양가가 10억이 훨씬 넘는다. 여기에 3.5%만 적용해도 3,500만 원이 분양대행 알선수수료다. 물론 분양이 잘 될 것 같은 인기 지역은 분양대행 수수료율이 1~2%까지 내려간다. 그리고 청소업체 · 이사업체 · 도배업체를 소개해주고 받는 소개료가 있다고 했다. 기존에 동네가 형성된 경우에는 그렇지 않지만 주상복합 건물처럼 한꺼번에 입주하는 세대가 많은 경우에는 전문 청소업체와 같은 곳에서 입주단지 근처의 부동산들에 명함을 돌리면서 영업활동을 한다.

입주 물량에 따라 한 두 업체가 아니다. 귀찮기도 하지만 또한 필요한 존재들이다. 청소업체와 같은 소규모 업체의 소개료에 관해 나의 생각을 이미 밝힌 적이 있을 것이다. 건당 소개료는 1만 원 정도를 받으려고 회복할 수 없는 부동산 사무실의 이미지와 가치손상을 감수할 필요는 없을 것 같다. 이점은 부동산을 운영하는 사장이라면 직원들에게도 강력하게 교육을 하여야 할 것이다. 청소업체에서 받는 수수료만큼 내가 소개해 준 고객에게 돌아갈 본래 서비스 수준의 질이 떨어지기 때문이다. 그리고 소개료를 받은 죄로 해당 서비스에 대한 A/S 요청 상황이 발생할 경우에 할 말이 없어진다.

지금까지 부동산 사무실 수익의 종류와 잔소리까지 상세하게 설명을 하였다. 부동산 창업을 계획하는 초보 공인중개사에게 작은 도움이 되었으면 한다.

마지막으로 당부하고 싶은 얘기가 있다. 당신은 지금 부동산 중개사무실 운영에 관한 중요한 생각을 하고 있다. 본연의 일에 중심을 잡아야 한다. 부대 수입은 부대 수입일 뿐이다. 내가 신경을 써서 합당한 대가를 받는 것은 당연한 일이기도 하지만 절대로 주객이 전도되는 상황은 만들지 말아야 한다. 쉽지만 잘 지키지 못하는 '원칙에 충실한 사람이 되도록' 노력해야 한다.

● **Point**

– 원칙준수!

– 주객전도 금지

나이가 들어가면서 모든 것이 귀찮아지기 시작했다. 바야흐로 100세 시대가 도래했다고 하는데 앞으로 남은 50년 동안 어떻게 보낼지 쓸데없는 고민이 생겨났다.

엉뚱한 질문 같지만 나는 누가 '춥고 배가 고픈 것이 힘들까? 덥고 배가 터질 정도의 상태가 힘들까?'라고 물어본다면 후자를 선택할 것이다.

덥고 배가 터질 정도란 등이 따듯하고 만족스러운 상태를 넘어서 과잉상태의 불편함이 존재하는 상황이다. 무조건 모자람보다 넘침이 좋다고 생각하는 사람들에게는 문제가 없지만 과잉상태에서는 이익보다는 해가 더 크다고 나는 생각한다.

그래서 나는 차라리 약간 춥고 배고픈 상태가 낫다고 생각한다.

여유로움을 즐기지 못한 내 자신의 문제인지도 모르겠지만 나는 내가 바쁜 것을 은근히 즐긴다는 것을 깨달았다. 무엇인가에 몰두해서 바쁘게 살면서 하나하나 속도감 있게 일을 처리하다 보면 묘한 카타르시스를 느낀다. 더구나 하고 있는 바쁜 일이 생산적이라면 더욱 그렇다.

지금 몇 달 째 코로나 사태로 인해 온 인류가 큰 불행에 빠져있다. 언제쯤 이 어둠의 터널에서 벗어날지 아무도 모른다. 언젠가 코로나 사태가 진정될 즈음 해방감에 나들이를 가는 사람보다 병원에서 심리상담을 받기 위해 긴 줄을 서는 사람이 더 많을 것 같다.

아이러니하게도 현재의 코로나 사태는 나에게 예기치 못한 큰 선물을 안겨준 것 같다. 일단 하고 있는 나의 중개업 영업 실적 측면에서 볼 때도 예전과 비교해서 더 나아졌다. 한 달에 한 건 정도 이뤄지던 상가계약이 네 건이나 성사되었다. 아마도 코로나로 인해 높기만 하던 임대인의 요구사항이 낮아져서 계약 성사에 결정적인 도움이 되었던 것 같다. 그리고 무엇보다도 이 책을 마무리할 수 있게 해 주었다.

저녁 늦게까지 사무실에 홀로 남아 글을 쓰면서 고3 시절에도 터지지 않았던 입술이 터지는 것을 영광의 흔적으로 생각했다. 도무지 올 것 같지 않던 군 전역일이 현실이 되듯이 전혀 끝날 것 같지 않았던 책 원고가 마무리되어 작성 후기까지 쓸 줄이야! 뿌듯함이 느껴진다.

이제 7살 된 딸이 내가 집에 늦게 들어갔을 때 "아빠~오늘 책 쓰고 와서 늦었어?"라고 물을 때는 터진 입술에서 꿀이 흘러나오는 것처럼 부드러움이 느껴졌다.

마지막으로 이 책의 대부분의 내용은 실제 나의 체험을 바탕으로 하였기에 의도하지는 않았지만 책 속의 내용으로 인해 불편함을 느낄지도 모르는 독자나 당사자에게는 너그러운 양해를 구한다. 그리고 특히 독자 여러분께는 이 책에 소중한 시간을 내주신 것에 감사드리고 싶다.

코로나로 인해 행복한 시간을 잃어버렸다고 생각하는 사람들에게는 마음속에 잊고 있는 자신의 행복의 길을 빨리 찾길 바란다.

상위 1% 중개사가
알아야 할 상가지식 71

상가중개는 법률지식이 우선적으로 기본이 되어야 한다. 다른 자격시험 과목과 비교해 보면 법률지식의 중요성을 확실히 느낄 수 있다. 부동산 업무와 관련성이 높은 감정평가사 자격시험의 시험과목과 비교하면 아래와 같다.

• 공인중개사 : 1차 〈부동산학개론, 민법〉, 2차 〈중개실무, 공법, 공시법, 세법〉

　　※ 전체 6과목 중 4~5과목으로 비중 67~84%

• 감정평가사 : 1차 〈민법, 경제학원론, 부동산학 원론, 감정평가관계법규, 회계학, 영어〉,

　　2차 〈실무, 이론, 감정평가보상법규〉

　　※ 전체 9과목 중 3과목으로 비중 33%

＊ 이미 공인중개사 자격증을 취득한 사람은 별도의 시간을 할애하여 법률 공부를 하는 것 보다 일을 하면서 수시로 법령 상가건물임대차보호법령을 참조하면서 숙지하는 습관을 키우는 것이 더 현명한 방법이 될 것이다.

1 ▶ 상가 중개시장의 원초적 불황원인에 주목하라.

상가 시장에 영향을 끼치는 출발점은 '지가와 분양가 상승'이다. 지가 상승은 분양가 상승을 불러오고, 분양가 상승은 상가가격 상승과 임대료 상승으로 이어지며, 결국에는 상가창업의 부담으로 귀결되어 상가 중개시장의 불황의 원인이 되고 있다. 따라서 현명한 중개사는 높은 분양가에 기초한 임대인의 일방적인 임대료 산정방식을 수동적으로 받아들이는 것 보다 빠른 시간 안에 거래를 성공시키기 위해서는 실제로 상가를 임차하여 사용할 임차인의 입장에서 합리적인 임대료 책정을 위한 임대인과의 협의과정이 선결적으로 필요하다.

2 ▶ 능력 있는 중개사의 안목을 넓혀라.

중개사는 현재 상가를 있는 그대로 바라보는 것 보다는 허름한 주거지가 까페, 식당, 청년사업장소로 변신하는 지역 사례예 : 망리단, 경리단, 적선동, 을지로4가, 홍대 연남동 등의 경우처럼 안목과 시야를 넓혀서 합병, 분할, 변경 등의 방법을 동원하여 상가를 다시 재단할 필요가 있다. 이것을 법적 관점에서는 '용도변경'

등을 통한 '상가개발'이라 한다.

3 ▶ 상가중개의 기본 원칙을 준수하라.

상가칭입과 상가중개는 동전의 양면과 같이 불가분의 관계이다. 예를 들어, 어떤 상가에 유흥주점을 입점 시킨다고 가정할 경우이다.

첫째, 건축법상 건축물의 용도 확인이 먼저이다. 당해 건물 용도가 유흥주점에 맞지 않는다면 용도 변경이 가능한지 알아보고 다음으로 위반 건축물인지 여부도 확인해야 한다.

둘째, 유흥주점 허가에 민감한 교육환경보호법상 교육환경 보호구역인지, 학원법상 교육환경 정화를 위한 유해업소 입점 제한 여부가 있는지 등도 기본적 확인사항이다.

셋째, 만약에 용도변경을 할 경우에는 주차장법, 하수도법, 다중이용업소법 등에 관한 것도 체크하여야 한다.

넷째, 통상 상업 경영자들은 매출정보와 영업비법을 잘 공개하지 않는다. 그래서 현재 영업하고 있는 상가 임차인이 상가중개를 의뢰할 경우에는 직원들의 동요나 매출 악영향에 미칠 염려로 인해 보안유지가 중요하다.

다섯째, 상가 중개시장에의 진입과 상가중개가 어려운 이유는 상가업종의 다양성, 자영업자의 거래의 기밀성 그리고 상가중개의 전문성 구비 요건 때문이다. 따라서 전문가인 중개사는 전문성과 차별성, 업무영역의 확대를 통한 이러한 문제점을 극복해야 한다. 그 출발점은 전문성을 키우는 것이며 전문성의 기초는 관련 법령 숙지이다.

4 ▶ 상가를 중개할 때 개별 체크 항목을 확인하라.

첫째, 불법 건축물 여부 또는 불법간판을 확인해야 한다. 만약에 불법건축물 또는 불법간판을 포함한 임차라면 이러한 불법 결과물에 대한 철거명령이나 이행강제금의 부담주체와 처리방법에 대해 계약과정 초기에 명확히 하여야 한다.

☞ 임대인은 前 임대기간에 발생한 불법제거에 대한 소요비용을 보증금 반환 전에 미리 계산해서 前 임차인의 보증금에서 부족하지 않게 공제해 둠으로써 하자치유비용을 담보할 수 있다.

둘째, 임대 목적물의 하자발생 가능성 여부 등도 점검하여야 한다.

한전에 전기 용량은 충분한지, 계약전력을 높이기 위해서는 그 건물에 여유전력이 있는지 그리고 각종 원인자 부담금교통유발부담금 등이 부과되는 경우가 있는지도 살펴보아야 한다.

☞ 중개사는 계약체결 시 구체적인 부담주체를 확정하여 계약서에 기재하고 부과 예상금액에 대해서도 관련 자료를 참고로 하여 기재하도록 한다.

셋째, 건축물의 용도와 업종의 적합여부를 확인해야 한다.

건축물에는 29개의 용도로 분류되어 있다. 필요한 업종에 맞는 용도인지 아니면, 용도변경이 가능한지 그리고 용도변경의 비용은 누가 부담하는지 명확히 해야 한다.

☞ 먼저 임차인이 특정 상가에 대해 희망 업종으로 임차 문의가 오면, 관할 구청에 간략히 확인하는 과정을 거쳐서 가능성을 타진하여야 한다. 그리고 계약서상에 최종확인의 주체는 실제 사용자인 임차인임을 명문으로 기재하도록 한다.

넷째, 건물이 대규모 또는 집합건물이어서 건물에 특정업종을 제한하는지도 확인해야 한다.

중개 대상 상가가 약국독점, 편의점 지정 상가처럼 분양당시 독점업종으로 분양받았다고 임대인이 주장하는 경우 또는 건물의 자치규약으로 중복되는 업종의 진입을 제한하여 입점 업종 제한이 있는 경우는 계약 전에 이 부분을 명확히 문서로 확인 후 중개하여야 한다.

☞ 실제 사례로서 커피전문점을 독점으로 분양받아 커피숍을 직접 운영하던 상가주는 동 상가건물 내 옆 호실에 제과점이 입점하여 커피를 판매하자, 커피전문점 상가주가 소송을 제기하였는데, 법원 판결은 '분양계약서에 커피점 입점 독점'이라는 명확한 문구의 기재가 없이 분양당시 분양계약서가 아닌 분양 관계자 등에 의해 작성된 별도의 확약서 형식의 문건으로는 독점적인 업종권을 보장할 수 없다는 원고 패소사례가 있었음을 주의해야 한다.

다섯째, 임대료에 부가세가 포함되는지 여부를 명확히 해야 한다.

부가세법에는 부가세가 포함되는지 여부가 분명하지 않는 경우에는 부가세가 포함되어 있는 것으로 보고 있다. 따라서 임대계약서에 부가세 별도라고 표기되지 않으면 임차인은 별도로 부가세를 부담하지 않는다.

☞ 따라서, 계약서에 '임대료 이외 부가세는 별도이며, 임대인은 세금계산서를 발행한다'라고 기재하도록 한다.

여섯째, 건물주 입장에서는 세금을 내지 않는 관리비를 많이 받으려고 한다. 따라서 관리비에 포함되는 항목을 체크할 필요가 있다.

일곱째, 임대료와 일반 관리비 이외 환경 부담금, 하수도 원인자 부담금, 교통유발부담금 등을 임차인에게 부담시키는 경우가 많은데 이 또한 명시적으로 부담 주체를 구체화해야 한다.

☞ 각종 부담금은 원칙적으로 소유주에게 부담시키며 소유면적에 따라 면제되는 경우도 있으므로 계약서에 '00호실에 대한 00부담금 발생 시 임차인은 근거자료에 따라 부담함'이라고 기재하여 임차인의 불측의 손실을 줄여주는 배려가 필요하다.

여덟째, 만약 임차업종이 프랜차이즈인 경우에는 프랜차이즈 본부에 대한 기업정보를 확인해야 한다. 프랜차이즈 업종은 가맹본사의 재정건전성과 신뢰성이 매우 중요하다. 법적으로 의무제공사항인 프랜차이즈 본사가 제공하는 정보공개서를 확인한다.

아홉째, 前 임차인의 영업지위 승계와 행정처분의 승계여부도 확인한다.

☞ 前 임차인의 지위승계는 새로운 영업허가 등을 신청할 경우에 발생하는 구법 적용 당시의 건축법, 소방법이 적용되는

유리한 측면과 前 임차인에 부과된 행정처분 승계라는 불리한 측면을 비교형량 해 볼 필요가 있다. 대체로 건축법, 소방법 등은 점차 강화되는 추세에 있기 때문이다.

※용도별 건축물의 종류

1. 단독주택
2. 공동주택
3. 제1종 근린생활시설
4. 제2종 근린생활시설
5. 문화 및 집회시설
6. 종교시설
7. 판매시설
8. 운수시설
9. 의료시설
10. 교육연구시설
11. 노유자시설
12. 수련시설
13. 운동시설
14. 업무시설
15. 숙박시설
16. 위락시설
17. 공장
18. 창고시설
19. 위험물 저장 및 처리 시설
20. 자동차 관련 시설
21. 동물 및 식물 관련 시설
22. 자원순환 관련 시설
23. 교정 및 군사 시설
24. 방송통신시설
25. 발전시설
26. 묘지 관련 시설
27. 관광 휴게시설
28. 장례시설

29. 야영장 시설

5 ▶ 상가임대차에는 3가지 법령이 적용되는 것을 확인한다.

1. 상가건물임대차보호법상임법에 따른 임대차

2. 민법에 따른 임대차

3. 민법에 따른 전세권 설정의 경우이다.즉, 상가건물 임대차에 관해서는 상임법의 모든 조문이 언제나 적용되는 것이 아니다.

6 ▶ 상임법의 임대차 적용대상의 조건.

1. 사업자등록 대상

2. 상가건물의 임대차

3. 보증금액이 일정금액 이하인 상가건물이다.

※ 현재 지역별 보증금액 일정금액 이하

 - 서울특별시 : 9억 원

 - 「수도권정비계획법」상 과밀억제권역서울특별시 제외 및 부산 광역시: 6억9,000만 원

– 광역시(「수도권정비계획법」상 과밀억제권역에 포함된 지역과 군지역, 부산광
   역시는 제외), 세종특별자치시, 파주시, 화성시, 안산시, 용인
   시, 김포시 및 광주시: 5억4,000만 원
– 그 밖의 지역 : 3억7,000만 원

☞ 만약 서울에서 보증금 1억 원에 월세 801만 원의 상가를
임대차 하는 경우에는 상임법 적용대상 아니고, 월세 800만
원 이하로 할 경우에는 상임법 적용 대상이다.

7 ▶ 상임법이 적용되는 상가 임대차의 구체 내용

첫째, 상임법이 적용되는 상가건물의 임대차에 관해
– 상가건물 해당여부는 공부상 표시가 아닌 '건물의 현황.
   용도 등에 비추어 영업용으로 사용하느냐'에 따라 실질적
   으로 판단한다.
– 사업자등록 대상건물로서, 영리목적 사용 건물에 대한 임
   대차가 상임법 적용대상이다.
– 공장, 창고처럼 영업용이 아닐지라도 일정한 사실행위 이
   외 '영리를 목적으로 하는 활동'이 함께 이루어졌다면 상
   임법의 적용대상 상가건물에 해당된다.

– 주된 부분을 영업용으로 사용하는 겸용 상가도 해당된다.

– 상가건물 여부 판단시점은 상가 임대차 계약 체결시이다.

둘째, 환산 보증금이 일정범위 이내인 경우에만 적용된다.

☞ 〈보증금이 초과되는 임대차에도 상임법이 적용되는 경우〉

대항력, 임차건물 양수인의 임대인지위승계, 계약갱신요구권, 10년 임대차 존속기간 보장, 권리금, 3기 차임연체와 해지 등의 규정도 환산보증금이 초과되는 경우에도 적용된다.

셋째, 상가건물에 등기하지 않은 미등기 전세계약에도 상임법이 적용된다.

넷째, 건물의 등기 및 건축허가 여부와도 무관하게 상임법 적용된다.

8 ▶ 상임법이 적용되지 않는 경우

– 환산 보증금이 동법에서 정한 경우를 초과하는 경우이다.

– 일시사용을 위한 임대차가 명백한 경우이다. 소위 단기 임대차라고 하며 여기서 명백한 경우는 구체적인 임대상황에 따라 최종적으로는 법원 판결로 결정된다.

– 가장 임차인인 경우이다. 참고로 판례는 '기존채권 추심

목적으로 임대계약을 한 임차인은 소액임차인으로 보호
안된다' 고 판시한 사실이 있다.

9 ▶ 상가건물 임차인의 대항력 요건

①상가건물의 인도 + ②사업자등록 한 날 + ③익일 부터 상
가건물 임차권 대항력 취득.

10 ▶ 사업자 등록의 의의

- 부가가치세법, 소득세법, 법인세법 등에 의해 어느 하나
  라도 갖추면 된다.
- 사업개시일로 부터 20일 내에 사업자등록신청이 가능하
  지만 사업개시 전 사업자등록을 마치는 것이 좋다. 실무
  적으로 사업자등록증에 사업개시일은 상가 임대차 계약
  서 잔금일자 이후로 표시되어 발급하고 있어 사업개시 전
  에 사업자등록을 할 수 있다.
- 등록주체로는 개인, 법인, 법인격 없는 사단 및 재단도 사
  업자등록 가능하고 외국인, 재외동포도 가능하며 한 사람

이 여러 개의 사업자등록도 가능하다.

11 ▶ 사업장 점유와 대항력 관련한 실무판례

　임차인이 종전 사업장은 전대하고 본인은 다른 곳에 사업자를 새로 등록하면서 종전 사업장에 대한 사업자 등록을 유지하는 경우에 전차인의 사업자등록여부와 상관없이 종전 사업장에 대한 임차권 대항력 유지되는가?

☞ 판례는 임차인이 대항력 및 우선변제권을 유지하기 위해서는 건물을 직접 점유하면서, 사업을 운영하는 전차인이 그 명의로 사업자등록을 할 것을 요구하면서 대항력을 부정하고 있다.

☞ 그리고 사업자등록상의 명의가 불일치할 경우에는 원칙적으로 대항력을 인정하지 않고 있다. 단, 배우자, 자녀, 기타 동거 가족 명의 혹은 자신의 보조사용인 명의로 임대차 계약을 작성하고 그 명의로 사업을 하거나 실제로 사업자가 사용인으로 근무하는 등 함께 사업 활동을 하는 경우에는 대항력을 예외적으로 인정하고 있다.

12 ▸ 대항력의 내용 등

– 대항력 발생 시기: 상가건물의 인도와 사업자등록을 한 날의 익일 0시 부터이다.

– 건물이 경매 또는 공매된 경우에는 말소기준권리 이전에 대항요건을 갖추어야 한다.

– 대항력의 존속시기: 취득요건이자 존속요건이라는 구법 판례와 학설이 나뉜다.

※ 대항력의 내용

– 양수인의 임대인 지위승계가 당연히 발생한다.

단, 임차인은 양수인의 지위승계를 원하지 않는 경우에 이의제기 후 기존 임대차 계약관계에서 벗어날 수 있음. 이의제기 시기는 임차인이 양도사실을 안 때부터 상당한 시기이며 이 규정은 강행규정이다

– 취득의 원인은 불문한다. 매매, 증여, 경매, 상속,공용징수, 신탁법상 신탁. cf.양도담보 예외

☞ 양수인과 임차인이 새로운 별개의 임대차 계약을 체결한 경우에는 임차인이 종전 임대차 관계상의 대항력과 우선변제권 등은 원칙적으로 양수인에게 주장 할 수 없다.

- 양수인이 보증금 반환채무를 인수한 후에는 임차인이 사업자등록을 다른 곳에 옮겨도 양수인이 인수한 보증금 반환의무는 소멸하지 않는다.

☞ 판례는 양수인에게만 보증금 반환을 청구할 수 있으며 종전의 임대인에게는 보증금 반환청구가 안된다고 한다.

- 존속기간이 없는 임대차는 양수인과의 사이에도 기간의 정함이 없는 임대차가 된다.

14 ● 대항력과 다른 권리와의 관계

근저당권이 실행된 경우에는 '최선순위' 근저당권의 성립시기와 임차권의 대항력 구비시기 선후에 의해 대항력 구비여부 결정된다. ※말소기준권리는 아래를 참조함

※ 말소기준권리=소멸기준권리

① 최선순위 담보물권근저당권, 저당권: 실무상 대부분의 경우이다.

② 최선순위 가압류압류

③ 최선순위 담보가등기

④ 경매개시결정등기경매기입등기: ①~②이 없는 경우로서 드문 케이스다.

⑤ 최선순위 전세권: 예외적으로 배당요구종기 내 배당요구 시에 발생한다.

15 ▶ 경매 상가 건물의 명도와 배당금 수령과의 관계

- 상가건물 환가대금에서 우선 배당된 일정액의 보증금을 수령하려면 먼저 상가건물 매수인에게 인도해야 한다.

- 소액임차인은확정일자부임차인도 동일 매수인으로 부터 인감증명서가 첨부된 '명도확인서'를 제출해야 보증금을 수령할 수 있다. 경매 법원이 매각대금을 보관하고 있다가 임차인이 명도를 증명하면 임차인 몫을 우선 배당함

- 그리고 확정일자부임차인은 우선변제권 소액임차인이 배당요구 후에, 보증금 전액을 받지 못한 경우에는 그 잔액에 대해 매수인에게 동시이행항변권 행사가능하며 이 경

우에는 명도확인서 필요 없다.

16 ▶ 제한물권 있는 상가의 매도인의 담보책임 성립조건

- 상가건물이 매매 또는 경매에 의해 유효하게 양도되었을
  것을 요구한다. 무효는 해당 안 됨.
- 상가건물에 대항력 있는 임차인이 있을 것을 요구한다.
- 매수인이 대항력 있는 임차인이 있다는 사실을 몰랐을 것
  을 요구한다.
- 경매의 경우에는 배당이 실시되었을 것을 요구한다.

17 ▶ 임대차의 존속기간과 계약의 갱신 일반.

- 상가건물의 임대차 최저 존속기간은 1년이다.
- 기간이 미확정되거나 존속기간을 정하지 않는 경우도 1
  년의 임대차 기간이다.
- 임대기간 만료 전 6개월~1개월 사이 임차인 또는 임대인
  이 계약갱신요구권 등을 하지 않을 경우에는 前 임대차와
  동일한 조건으로 다시 임대차한 것으로 본다.

– 1년 보장기간은 임차인에게 귀책사유가 없어야 한다.

– 임차인만 1년 미만 임대차 기간 주장할 수 있고, 기간을 정하지 않은 경우에는 1년 주장 가능하여 1년 미만의 기간이 만료 시에 보증금을 반환요구 할 수 있다.

※ 따라서, 임대인은 임대기간을 1년으로 주장은 불가하며 임차인의 1년 안에 요구시에는 반환해야 한다.

– 임대차 기간을 정하지 않은 경우에는 임차인은 언제나 해지청구 통지 가능하며 통지를 받은 임대인에게 도달 후 3개월 지나서 해지효과가 발생한다.

– 임차인은 임대차 기간만료 후에도 보증금 받을 때까지는 임대차 관계가 존속되는 것으로 의제된다. 따라서 거주하지 않은 경우에는 차임 지급의무 없다.

18 ▶ 계약의 갱신의 일반

– 계약갱신요구권에 의한 갱신으로 임차인은 10년을 초과하지 않는 범위에서 계약갱신을 요구할 수 있으며 임대인은 정당한 사유가 없으면 거절 못한다.

– 요건으로는 임대기간 만료 전 6월~1월 사이에 계약갱신

요구 의사표시 해야 한다.

- 설사 계약서에 특약으로 계약갱신요구를 할 수 없다고 해도 갱신할 수 있는 강행규정이다.

- 상임법 적용 이전 체결된 계약도 갱신되었다면 최초의 체결된 임대차 계약기간을 포함한다.

- 갱신의 효과로는 전 임대차와 동일한 조건으로 계약하는 것이다.

- 갱신 시 차임과 보증금 증감이 가능하다. 증액의 경우에는 차임 또는 보증금의 5%을 초과하지 못하며, 만약 초과 부분은 임차인은 부당이득으로 반환청구 가능하다.

- 일정 금액 초과 임대차의 경우에는 계약갱신요구권은 인정되지만 단 인상한도 5%는 적용되지 않는다. 그래서 특례규정을 신설하여 5% 인상 한도가 적용되지 않지만 조세, 공과금, 주변상가 차임, 보증금 그 밖의 주변경제 상황을 고려하여 한도 넘는 증감을 청구하라고 보완하고 있다.

- 특례는 임차인에게도 적용되어 감액권 있다.

19 ▶ 계약기간 10년 경과 후의 임대차 관계는 어떠한 상태인가?

　상임법상 계약갱신요구권은 없지만 사실상 계속 사용가능하며 대항력, 차임의 증감청구권, 권리금 회수기회 등 상임법 대부분 규정이 적용된다.

20 ▶ 계약갱신요구에 대한 임대인의 거절 인정사유 실무상 문제

- 최초 계약일로부터 10년의 범위 내에서만 제한적으로 인정되고 이후는 갱신거절 가능하다.
- 거절사유는 건물의 철거 또는 재건축의 경우만 한정된다.

- 2013.8.13. 이후에 체결된 계약만 해당되나 그 이전 계약이라도 이후 재계약 또는 묵시적 갱신의 경우 적용된다.

21 ▶ 묵시적 갱신 일반.

- 임대인이 기간만료 전 6개월~1개월 사이 거절 또는 조건변경이 없는 경우 동일조건으로 임대차한 것으로 본다.

- 2002.11.1. 이후 상가 건물에 체결된 계약 혹은 갱신된 임대차에 적용된다.

- 효력으로서 종전 임대차와 동일조건으로 보증금, 차임 동일하며 임대기간은 1년이다.

- 단, 1년 기간은 환산보증금 일정액 이하만 적용되고 초과 임차인의 경우에는 상임법이 적용 안되고 민법이 적용된다. 따라서 기간의 약정 없는 임대차가 적용되어 당사자는 언제든 해지 요구 가능하다.

- 10년간 계약갱신요구권은 묵시적 갱신에는 적용되지 않는다. 즉 묵시적 갱신의 경우에는 10년간 임대차 보장기간 규정이 적용 안 된다.

☞ 묵시적 갱신과 임대차 계약의 해지

- 임차인은 언제든 해지 가능하고 1년의 기간 주장 가능하나 임대인은 기간 동안 해지 안된다.

- 임차인이 해지 시 상임법 적용되면 임대인이 통지받은 날로 부터 3개월 경과 후에 효과가 발생하며 상임법 적용 안 받은 경우에는 민법이 적용되어 1개월 후 해지효력이 발생한다.

왕초보 부동산 중개 그냥 따라하기

22 ▶ 민법상의 묵시적 갱신적용

- 상임법이 적용되지 않는 환산보승금 초과 임대차의 경우에 적용한다.

- 기간만료 후 ① 임차인이 목적물 계속 사용수익 + ②임대인 상당기간 이의를 제기하지 않아야 한다.

- 효력은 前 임대차와 동일한 조건으로 다시 임대차한 것으로 본다. 만약 해지권을 행사하지 않은 경우에는 기간도 전 임대차와 동일하다.

☞ 묵시적 갱신으로 갱신된 임대차의 해지는 기간의 약정 없는 임대차로서 당사자는 언제든지 계약의 해지를 통고 할 수 있다.

- 상가 임대차의 경우에는 임대인이 해지 통고 후 6개월 경과 후에, 임차인이 해지통고 후 1개월 경과해야 해지가 된다.

- 계약만료 후 보증금 미 반환 시에도 임차인은 차임지급의
  무가 원칙적으로 발생한다.
- 임차인이 영업을 계속하였다면 차임 지급의무가 있고 영
  업을 하지 않으면 의무 없다.
- 차임 연체액이 3기에 달할 때 해지 가능하며, 차임연체는
  연속적일 필요 없다.
- 차임을 연체할 경우 자동해지가 아니라 해지의사를 표시
  하고 도달해야 한다.
- 만약에 해지 후 연체차임을 납부하더라도 해지가 자동취
  소 안되는 해지는 형성권이다.

24 ▶ 월세를 상습 연체하는 임차인에 대한 대처방안.

- 연체료 부담이외 해지는 안 된다. 내용증명을 보내 연체
  료 상습체납에 대해 보증금 공제방법을 고려해야 한다.
- 연체료 산정 기준으로 상사이율 6% 적용을 참조하되, 계
  약체결시 합의사항으로 연체율을 높일 수 있다.

- 임대인의 지위가 양수인에게 승계되는 경우에는 이미 발생한 연체차임채권은 따로 채권양도의 요건을 갖추지 않는 한 양수인에게 승계되지 않는다.
- 차임이나 보증금 증액청구도 5% 이내에서 증액이 있은 후 1년 이내에는 증액청구 불가하다.

25 ▶ 차임 증액청구는 계약기간 중 매년 가능한가?

- 임대인은 매년 증액 청구할 수 있지만 무조건 매년 증액할 수 있는 것도 아니다.
- 증액사유조세, 공과금, 경제사정의 변동가 있어야 하며 이런 권리는 형성권이 아닌 청구권으로 임차인의 동의를 구해야 한다.
- 차임 등 증액청구의 제한은 재계약의 경우, 당사자 합의로 차임증액 시 적용되지 않는다.

26 ▶ 임차인의 차임 또는 보증금 감액청구

- 임차인은 조세, 공과금, 경제상황 등에 따라 장래에 향하

여 차임 감액청구 가능하다.

- 갱신하는 경우에도 적용 가능하다.
- 감액청구 상한액 5%는 적용되지 않고 더 감액청구 가능하다.
- 1년 이내 감액청구제한도 적용되지 않아 1년 이내에도 감액청구 가능하다.

27 ▶ 보증금의 월세 전환 – 협의를 거쳐 보증금의 전부, 일부를 월세 전환가능 하다.

- 전환 시기는 임차인의 동의가 없는 한 계약기간 중에는 안 된다.
- 계약만료 후 갱신 시에는 前과 동일한 임대조건이므로 5% 상한선에서 증가할 수 있을 뿐 월세 전환은 안 된다.

28 ▶ 월차임 전환이율의 제한

- 임대기간 10년 지난 임차인과 일정액 초과 임차인에게는 월세 전환이 인정되나, 전환율은 마음대로 결정 안 된다.

– 법률로 전환되는 금액은 연 12% 또는 한국은행 공시 기준금리 4.5배 곱한 비율 중 낮은 비율을 곱한 월차임을 초과할 수 없다.

☞ 예시: 보증금 5천만 원 상가임대 경우에 1천만 원 돌려받고 보증금 4천만 원에 월차임 전환시 min〔1천만 원에 연12%의 비율 vs 한국은행 공시 기준금리 0.5%를 4.5배 곱한 2.25%〕 중 낮은 2.25% 곱한 연 225,000원의 월차임 금 18,750원을 넘을 수 없다.

– 보증금 전환 이율의 제한 규정은 상임법 적용받는 상가건물에만 적용된다.

29 ❶ 임대인과 임차인의 권리의무 일부 ※임차인의 필요비 상환청구권.

임대 목적물 보존에 필요비용 지출시 임차인의 지출비용 받는 방법: 먼저 ① 임대인에게 내용통지 후 ② 자비로 수리하고 ③ 임대인에게 수리내용 통보내용증명형식 후 ④ 영수증 첨부하여 청구한다. 그래도 안 되면 임대차 종료후 건물에 가압류 및 소액심판 제기하는 방법이 있다.

- 참고로 필요비 및 유익비는 부속물 매수청구권과 달리 강행규정 아니고 협의 가능하다.
- 원상회복의 특약이 있다고 하더라도 권리금을 포기하였다고 볼 수 없다.

30 ▶ 당사자 지위변동에서 실무상 중요문제

매도인이 상가를 비싸게 팔기 위해 가짜 임차인과 임대계약을 체결하여 수익성이 좋은 것으로 포장하여 매매한 후 임차인이 양수인의 승계를 벗어나려고 하는 경우 실무상 처리 방법?
☞ "임차인 000는 이 건 상가 매매에 관해 동의하며 매수인의 매도인 지위승계를 인정 한다"라고 계약서 기재 혹은 임차인으로 부터 소유자 임대인 변경에 관한 동의서 첨부하면 된다.

31 ▶ 전대차의 경우.

적법하게 임대인의 동의를 얻은 경우에도 임대차가 기간 만료로 종료한 경우 전대차 종료한다. 그러나 기간 중 임대인과 임차인의 합의로 임대차 계약 종료한 경우에는, 전차인의 권리는 소멸하지 않고 전차인은 임대인에게 전대차 관계주장 할 수 있다.

그리고 임대차 관계가 해지되더라도 임대인이 그 사유를 전차인에게 통지해야 하며 통지를 받은 후 6개월이 지난 후 임대차 해지효력 발생한다.

32 ▶ 상가건물 일부분 전대차

상가건물의 일부분을 전대한 경우에는 임차권의 양도, 전대 제한 및 전대 제한에 따른 전차인의 권리규정 부분이 적용되지 않는다민법 632조. 즉 상가의 경우에는 일부 임대차는 비교적 허용범위가 넓다.

33 ▶ 임대인의 전대차 동의 시 그때부터 전차인에게도 10년간 임대차를 보장해야 하나?

그렇지 않다. 전대차는 임대차를 넘을 수 없기 때문이다.

34 ▶ 상가권리금 개관

- 상가권리금 조항이 명문화 되었다_{법 10조의 3~7까지 권리금 5개 조항 신설}.

- 법 제정 이전에 체결된 계약도 적용되고 환산보증금 초과 임대차의 경우도 적용된다.

- 상임법상 권리금은 시설 권리금, 영업 권리금, 위치 권리 금으로 구분할 수 있다.

- 규정에는 없지만 임차인이 임대인에게 지급하는 위치_{바닥} 권리금도 권리금 계약이다.

- 권리금 계약서는 '표준권리금계약서'를 작성할 것을 권장 이다.

- 권리금 계약은 임대차 계약이나 양도계약과는 별개의 계 약이나 불가분의 관계에 있어 법률행위의 일부무효의 원 리 또는 일부취소의 규정이 적용된다.

- 권리금은 공인중개사법의 중개대상물이 아니다. 따라서 중개보수의 한도액 역시 적용되지 않는 일종의 컨설팅 계 약으로 원칙적으로 컨설팅 사업자를 등록하여야 된다.

- 따라서 권리금 계약시에는 확인설명서 작성의무도 없다.

– 특수한 바닥 권리금인 임대인에게 임차인이 지급하는 권리금은 임대차 계약종료 후 되돌려 받지 못하고 새로운 임차인에 받을 수 있을 뿐이다.

– 설사 임대인이 반환을 약정하였다 하더라도 계약기간 도중 부당하게 임대차 해지 등 특별한 사유가 없는 한 임대차 계약만료로 당연 소멸한다.

35 ▶ 권리금 계약 시 점검확인 항목.

☞ 추천하는 인수인계 방식: 인수인 입장에서는, 필요한 자료들을 펼쳐놓고 단기간에 인수인계하는 방식이 아닌, ① 권리금 계약체결 후 권리금 계약금 일부지급 ② 1~2개월 함께 근무하면서 단계적으로 업무를 인수인계하면서 ③ 권리금의 잔금을 지불함과 동시 임대차 계약을 체결하는 것을 추천한다.

※단, 양도인 입장에서는 쉽게 동의하지 않을 단점이 있으나 인수시장에서는 인수자가 '갑' 임을 활용할 필요가 있다.

– 권리금 산정액을 위한 기초자료는 객관적 자료를 바탕으로 하여야 한다. 예를 들면, 세금 신고액 부가세 또는 소득세 신고 자료, 임차인 매출장부, 인근 유사업종 권리금 내역 등이다.

– 통상은 권리금계약 후 새로운 임대차 계약 체결과정에서 임대인의 새로운 요구사항이 과다할 경우가 많아서 권리금 계약 자체가 파기될 가능성 있다. 그래서 상임법은 '임대인은 임대차 계약기간 만료 전 3개월 전 부티 임대차 종료시까지 일정행위를 통해 권리금 계약에 따라 임차인이 주선한 신규 임차인이 되려는 자로 부터 권리금을 지급받은 것을 방해해서는 안된다' 라고 임대인의 권리금 회수 방해금지 의무를 부과하고 있다.

36▶ 권리금 회수 상대방은 누구인가?

대법원 판례는 권리금은 신규 임차인에게만 지급받을 수 있을 뿐 임대인에 그 지급을 구하지 못한다고 한다. 단, 임대인의 사정으로 임대차 계약이 중도 해지될 경우에는 임대인에게 지급한 권리금은 진행 임대기간 경과 정도 등을 참작, 평가하여 전부 혹은 일부 반환 받을 수 있을 뿐이다.

37 ◑ 임대인의 권리금 회수 방해금지 행위 예시

- 임차인 주선 신규 임차인에게 권리금을 요구하거나 권리금을 수수하는 행위.
- 임차인 주선 신규 임차인에게 권리금을 지급하지 못하게 하는 행위.
- 임차인 주선 신규 임차인에게 상가건물에 관한 조세, 공과금, 주변 상가건물의 차임, 보증금 그 밖의 부담에 다른 금액에 비추어 현저히 고액의 차임과 보증금을 요구하는 행위.
- 그밖에 정당사유 없이 임대인이 임차인 주선 신규 임차인에게 임대차 계약 체결을 거절하는 행위예. 건물주가 상가를 직접 쓴다고 소문내기, 그밖에 용도변경 및 업종변경 등.

38 ◑ 임대인이 임차인의 권리금 회수 거절사유 - 1

- 신규 임차인이 보증금 또는 차임을 지급할 자력이 없는 경우.
- 신규 임차인이 임차인으로서 의무를 위반할 우려가 있거

나 그밖에 임대차 유지 어려운 사유.

– 임대차 목적물인 상가 건물을 1년 6개월 이상 영리목적으로 사용하지 않은 경우.

– 임대인이 선택한 신규 임차인이 임차인과 권리금 계약을 체결하고 그 권리금을 지급한 경우

– 임차인이 3기 차임액을 연체한 사실이 있는 경우.

– 임차인이 거짓이나 부정한 방법으로 임차한 경우.

– 서로 합의하여 임대인이 임차인에게 상당한 보상을 한 경우.

– 임대인 동의 없이 전부 또는 일부 전대한 경우.

– 전부 또는 일부가 멸실하여 임대차 목적 달성하지 못할 경우.

– 전부 또는 일부를 고의 또는 중대한 과실로 파손한 경우.

– 임대인이 다음 사유로 목적물의 전부 또는 대부분을 철거 도는 재건축 위해 목적물의 점유를 회복할 필요가 있는 경우.

39 ▶ 권리금을 주고 받지 않기로 한 특약 효력?

☞ 강행규정 위반사항으로 임차인은 권리금을 받을 수 있다.

40 ▶ 임대인의 손해배상책임액

신규 임차인이 임차인에게 지급하기로 한 권리금과 임대차 종료 당시의 권리금_{감정평가사항} 중 낮은 금액이다.

41 ▶ 권리금 적용범위의 제한

대규모 점포, 준 대규모 점포나 국유재산, 공유재산의 상가 건물에는 적용하지 않고 있다.

☞ 권리금 관련 참조판례

- 권리금을 임대인에게 지급하되 임대인이 점포 반환을 요 구할시에는 권리금을 임차인에게 지급한다라는 특약이 있더라도 권리금을 임대인으로부터 받을 수 없다.
- 임차인은 권리금에 대해 유치권을 행사할 수 없다.
- 모든 권리금을 인정한다는 계약서 문구는 임차인이 신규 임차인에게 받는다는 의미로 한정 해석해야 한다.

☞ 권리금 중개는 컨설팅 계약이다.

- 권리금에 대한 중개는 상가중개 대상은 아니며 사전에 협

의후 컨설팅 계약으로 문서화해야 한다.

- 권리금 수수에 대해서는 사업자등록, 부가세, 소득세 신
  고를 해야 한다. 그리고 권리금 수수하면, 컨설팅 용역보
  수라는 표제의 영수증 발급으로 마무리 한다.

42 ▶ 특약으로 단전 단수가 가능한가?

단전단수조치는 원칙적으로 사적계약을 넘어서는 범위여
서, 원칙상 허용되지 않고 업무방해죄가 될 수 있음을 주의할
필요가 있다.

43 ▶ 법인과 계약할 때 계약시 표기방식

- 00회사 대표 000라고 대표이사 000라고 표기해야 맞는
  방식이다.
- 원칙적으로 법인 인감도장또는 사용인감+사용인감계을 날인한
  위임장 갖추어야 한다.

☞ 그러나, 실제 계약 실무에서는 계약 상황별로 유연하게 대
처 필요가 있다. 단 매매의 경우에는 원칙을 고수해야 한다.

☞실제로 토지거래, 창고거래, 공장부지 계약의 경우 사후에 사정변경 등을 이유로 정식 위임 형식을 갖추지 않은 것을 빌미로 계약 취소 등 분쟁상황 사례가 간혹 발생한다.

※ 그래서 반드시 법인 인감과 위임장, 대리관계를 표시할 것이며, 보충적으로 잔금 전에 무권대리행위 추인을 받아 두어야 한다.

☞ 방법으로 계약서 여백에 '본 계약을 추인함 대표이사 000'라고 서명 날인을 받아두면 된다.

44 ▶ 대리 계약할 경우

– 대리 계약에서 본인의 위임장 및 인감증명서를 반드시 첨부하여야 하는 것은 아니다.
– 단, 이 경우 무권대리행위의 추인을 받아야 한다.
– 잔금일에는 반드시 대리인으로 부터 위임장과 인감증명서를 징구하도록 하여야 한다.
– 참고로 인감증명서의 유효기간은 없으나 최근의 것이 좋다.

45 ▶ 중도퇴실의 경우 중개보수 지급주체는 누구인가?

중도 퇴실일 경우: 계약상의 중개보수의 책임주체는 계약서 당사자인 임대인과 신규 임차인이지만 실질적으로 현 임차인이 부담하는 것이 실무 현실이다.

☞ 계약체결 시 '중도 퇴실의 경우에 발생하는 임대인이 부담하는 직접적인 손해는 임차인이 부담한다예: 중개보수, 중도퇴실로 인한 직접 손해액 등'라고 미리 표기하면 좋다.

46 ▶ 묵시적 갱신의 경우 중개보수의 부담주체는 누구인가?

임차인이 묵시적 갱신계약을 해지할 경우에도 원칙적으로 임대인이 중개보수를 부담하지만, 임차인이 부담한다는 특약이 있을 경우에는 임차인이 중개보수를 부담한다.

47 ▶ 계약의 해제의 경우 중개보수 지급문제

중개보수는 계약체결 시 바로 발생하여 양 당사자가 각자 부담한다. 해제의 원인 제공자가 전부 부담해야 하는 것도 아니다. 왜냐하면 해제와 중개보수는 별개문제이기 때문이다. 하지만 실무상 받기 어려운 상황이다. 이러한 경우에는 그동안 중개활동의 노력 정도, 중개보수 금액에 따라서 청구하는 방법도 고려해 볼 사항이다.

48 ▶ 임대차 보증금 대출에 임대인 동의는 반드시 필수사항인가?

임대차 보증금 대출동의는 채권양도로서 임대차 보증금은 은행보다 우선하여 연체 차임 등에 대해 공제할 수 있으므로 임대인에게 위험부담이 전혀 없으며 단지 동의가 번거로울 뿐이다.

49 ▶ 임대차 보증금의 양도 혹은 가압류된 경우 대처방안

– 양도도 은행에게 양도한 경우와 동일하여 임대인의 승낙이 필요 없다.
– 임차권 양도와 임대차 보증금 반환채권 양도는 다르다.
– 가압류된 경우도 동일하다. 단, 임대인은 가압류권자와 임차인 사이의 채무액이 본안사건을 통하여 확정되지 않

으면 임차인이나 가압류권자 누구에도 임차보증금을 반환해서는 안된다. 이중지급의 위험이 있기 때문이다. 그래서 공탁하고 분쟁에서 빠져나와야 한다.

50 ▶ 임차인이 행방불명된 경우 집 열쇠를 임의변경하는 것이 가능한가?

− 임의조치는 안되며 법적조치를 해야 한다.
− 우선 내용증명 우편발송으로 계약해지 후 법원에 명도소송을 제기한다.
− 송달되지 않을 경우 법원에서 주소 보정명령이 나오면, 주민센터에 가서 불거주사실확인증명서 발급받아 공시송달 신청 후 궐석재판을 이용하여 승소판결로 명도집행한다.
− 임차인이 남긴 물건이 있으면, 명도소송 시에 월세 청구도 병합하여 승소 판결 후 명도집행과 동시에 유체동산 경매신청을 통해 직접경매 받거나 경매 후 법원의 허가를 얻어 매각대금으로 충당하면 된다.

51 ▶ 월세를 2~3기 이상 연체하면 강제 명도한다는 특약의 효력

사적 집행은 허용되지 않는다. 그래서 제소전화해가 효과적이다 이는 재판외에서 이루어지는 일종의 소송절차의 일종으로 법원에 신청하는 방식이다.

52 ▶ 항간의 근거 없는 속설 정리

- 24시간 내에 해약하면 계약금을 반환 받을 수 있다 : 틀렸다!.
- 구두계약도 계약인가? 당연하다. 단지 계약의 입증문제가 발생할 뿐이다. 참고로 상대방 몰래 녹음ok이다. 그러나 타인간의 대화를 제3자가 하는 녹음은 불법사항이다.

53 ▶ 가계약금은 돌려받을 수 있는가?

그때그때 다른 사안으로 계약의 중요부분이 확정되었다면 계약으로 볼 수 있다는 판례가 있다.

☞ 가계약금 입금 전 계약사항을 미리 문자로 정리하여 임대인 핸드폰으로 문자를 전달해 놓는다예, 목적물, 임대조건, 임대기간, 합의 주요 특약사항, 계약금 해제의 경우 포기, 배액문구 기재 등.

54 ▶ 계약금 일부만 지급 후 해약하면 해약금은 지급한 계약금 일부인가? 위약금 전체인가?

- 계약금 일부만 지급한 상태에서 해약한 경우 마음대로 계약을 파기할 수 없고 파기하려면 지급한 계약금의 일부가 아닌 위약금 전액을 물어야 한다.
- 위약금은 위약금 약정에 따르며, 계약서에 위약금은 계약금으로 한다면 계약금이 위약금이다.

55 ▶ 계약기간 중 건물주가 바뀌면 계약서를 다시 작성해야 하나?

- 다시 쓰지 않아도 된다. 상임법 개정으로 환산보증금이 일정액을 초과하여도 상가 양수인은 기존의 임대인의 지위를 승계하기 때문이다.
- 만약에 계약서를 다시 쓴다면 계약기간은 처음 임대인과

계약한 입점일 부터 10년간 보장된다.

56 ▶ 상가 임대차 권리금 계약상황에서 체크사항

권리금을 받아 나올 수 있는가에 대한 점검사항은 건물의 재건축 가능성, 건물주 성향, 상권의 변화 등을 체크해야 한다.

☞ 권리금 계약 전에 먼저 임대인으로 부터 임대 조건 변화 가능성을 먼저 타진해야 하며, 권리금 계약서에 임대차 계약이 성립하지 않으면 계약금 계약을 해제한다는 특약을 적어야 한다. 그리고 권리금 계약서에 경업금지 특약조항을 넣어야 한다.

57 ▶ 상가 거래와 세금문제

– 부가세를 별도 미기재시 임대료에 부가세 포함되므로실제 계약서에 부가세 별도라고 표기한다.

–상가 매매의 경우 부가세는 건물 부분만 과세한다.

☞ 참고사항 : 부가세를 적게 내기 위해 건물가격을 지나치게

낮추는 경우에 국세청에서는 기준시가로 토지와 건물의 가격을 안분하여 계산하고 있다.

- 사업의 포괄양수도의 경우에는 일정한 요건을 갖추어야 부가세 문제에서 벗어날 수 있다.
- 업무용 오피스텔을 분양받은 경우 10년간 업무용으로 사용해야 하며, 그렇지 않을 경우 환급 받은 부가세를 추징당한다.
- 권리금도 기타소득으로 세금부과대상이다.

58 ▶ 상가권리금에 대한 부가세 문제.

총 금액의 80%는 필요경비로 인정받고, 20%를 소득으로 보며, 소득에 대한 세율은 20%이다. 결국 전체 권리금액의 4%가 세금이다. 여기에 소득세의 10%전체의 0.4%가 주민세이며 합계 4.4% 세금을 부과한다. 그리고 부가세 10%를 포함하면 결국 14.4%가 세금이 된다.

☞ 예를 들면, 1,000만 원의 권리금을 받을 경우, 800만 원은 비용 처리되고 200만 원만 소득으로 보아 200만 원×0.2세

율=40만 원소득세. 40만 원×0.1주민세율=4만 원. 합계 세금은 44만 원. 그리고 1,000만 원에 대한 부가세 10%100만 원을 합한 144만 원이 최종세금이다.

59 ▶ 누가 세금을 부담하는가?

법적 담세자는 권리금을 받는 사람A, 납부자는 권리금을 주는 사람B. 그래서 나가는 임차인A으로 부터 원천징수하여 주는 사람B이 납부한다. 따라서 권리금을 줄 때 소득세 4.4%만큼 공제하고 권리금을 주면 된다. 그러나 부가세는 나가는 임차인A이 직접 납부한다.

☞ 1,000만 원 권리금 계약 시, B는 44만 원을 공제한 956만 원과 부가세 100만 원 합한 1,056만 원을 A에게 권리금으로 지급하고 44만 원은 원천징수하여 세금납부한다. 그리고 A는 1,056만 원에서 100만 원을 부가세로 신고하여 납부한다.

60 ▶ 위약금 및 해약금과 세금

– 위약금 및 해약금에 대해서도 소득세를 내야 한다.

- 주는 사람이 받는 사람으로부터 원천 징수하여 납부하는
  데 실무상 문제 발생한다.

※ 왜냐하면 계약금을 위약금으로 할 경우에는 먼저 계약금을
지불함에 따라 원천징수가 사실상 불가한다.

- 위약금 내지 해약금은 필요경비가 인정되지 않는다. 이유
  는 정상적으로 계약이 완료되지 않아서이다. 따라서 20%
  를 원천징수하여 납부하여야 한다.

61 ▶ 상가창업 사업자등록 등

- 국세청 홈택스에서도 등록 가능하다.
- 상호결정 후 영업허가, 등록, 신고절차에 앞서 먼저 진행
  한다.
- 세금계산서 발행은 국세청 '이세로' 사이트에서 범용공인
  인증서 발급 후 전자세금계산서를 발행하며, 사업자등록
  신청은 사업을 개시한 날로부터 20일 내 사업장 관할세
  무서에서 한다.
- 사업개시 전 사업관련 비용도 세금처리가 가능하다. 등록
  전이라도 창업주의 주민등록번호로 매입세금계산서를 받

아서, 과세기간 1~6월, 7~12월이 끝난 후 20일 이내에 사업자등록신청을 하면 매입세금공제가능하다. 매입세액 공제는 부가세 납부액을 줄여드는 효과가 있다

62 ▶ 간이과세자와 일반과세자의 차이점

①부가가치세율10% VS 0.5~3%, ②세금계산서 발행여부, ③환급유무 차이간이과세자는 매입세액이 매출세액보다 초과하더라도 환급 안된다, ④납부의무면제 유무, 간이과세자의 경우에는 공급대가 합계액이 4,000만 원연 8,000만 원 미만이면 부가세 납부의무가 면제된다.

– 간이과세자도 매출이 연 8,000만 원2021년부터 이상이면 일반과세자로 전환된다.

– 신용카드 가맹점을 신청하여 신용카드 단말기 설치를 선택할 수 있다.

☞ 설치에 따른 비용이 발생하지만 사업자에 대한 신뢰도를 높여주는 장점 있다.

– 사업용 신용카드 만들기도 선택사항이다.

– 부가세와 종합소득세 신고대상은 오직 사업과 관련된 경

비만 되며 사업과 무관한 개인용도 경비는 제외된다.

63 ▶ 세금계산서의 의미

- 세금계산서는 과세자료, 청구서, 영수증의 역할을 한다.
- 부가세 적격증빙의 종류는 세금계산서, 카드전표, 현금영
  수증 cf.간이영수증3만 원 한도.
- 전자세금계산서 발급의무자: 법인과 직전연도 공급가액
  합계액이 3억원 이상 개인사업자이며, 발행시기는 원칙
  적 재화와 용역의 공급시기이다.

64 ▶ 사업의 포괄양수도 일반

사업장별로 그 사업에 관한 모든 권리와 의무를 포괄적으로
승계시키는 것으로 경영주체만 바뀔 뿐 사업의 동일성이 유지
되는 것을 의미한다.

- 그 사업에 관한 권리와 의무 중 미수금, 미지급금, 해당사
  업과 직접관련이 없는 토지 건물을 포함하지 아니하고 승
  계시킨 경우도 포함한다.

- 효과로는 부가세법은 사업의 포괄적 양도를 재화의 공급으로 보지 않고 있다.

- 포괄양수도에 해당하면 양수인은 건물분의 부가세를 부담하지 않으며, 양도인은 건물분 부가세 상당액의 양도가액을 낮출 수 있다.

- 성립요건은 당사자 모두가 과세사업자여야 한다간이과세자도 포함하며 면세사업자 안됨.

- 양수인이 간이사업자이면 포괄양수도가 이루어지면 양수인은 자동으로 일반과세자로 전환되며, 사업전체를 포괄적으로 양도 양수하여야 한다.

- 따라서 사업체 일부나 자산의 일부를 제외하거나 일부의 임차인을 제외하거나 하청업체를 변경하거나 직원을 제외하고 양도하는 경우에는 포괄양수도 계약이 성립하지 않는다.

- 그리고 사업양도신고서를 제출하여야 한다.

65 ▶ 상가건물의 매매하는 경우 포괄양수도 사례

부동산의 경우 부가세가 포함되는지 별도인지 문제는 부가세 면제 대상인 주택이나 토지가 아닌 공장 등을 매매할 경우에 건물에 대한 부가세가 별도로 부가되므로 부가세 부담 주체가 중요하다.

- 부가세 포함여부가 명백하지 않을 경우에는 거래금액의 110분의 10에 해당금액을 부가세로 본다. 즉 거래금액에 부가세가 포함된 것으로 본다.

- 만약에 매도인이 일반과세자라면 무조건 매매대금 외 부가세 별도임을 반드시 명기해야 한다. 그리고 잔금지급 시 매매대금 중 건물에 대한 부가세를 매수인으로부터 수령한 후 양도 일이 속하는 달의 말일로부터 25일 이내에 납부하는 것이 정상 절차이다.

66 ▶ 포괄양수도계약에서 매수인이 포괄양수도 계약을 위반한 경우 책임

매수인이 면세사업자인 경우여서 포괄양수도계약이 무효가 된 경우에는 포괄양수도계약 무효원인이 매수인이며, 건물에 대한 부가세가 다시 발생하고 매도인은 매수인으로 부터 부가세를 징수해야 한다.

☞ 포괄양수도계약을 했지만 문제가 되는 경우: 부가세 별도라는 언급 없이 포괄양수도계약을 하고 매수인이 의무위반이 있는 경우 매도인이 사후에 부가세를 청구할 수 있는가? 부가세 특별한 약정이 없이 매수인에게 부가세를 청구할 수 있는 법적 근거가 없다.

☞ 따라서 포괄양수도계약을 체결하는 경우에는 포괄양수도계약이 어떠한 사유로 무효가 될 경우 건물분에 대한 부가세는 별도로 한다라는 문구 삽입 반드시 필요하다.

67 ▶ 건물가액과 토지가액의 책정문제

- 부가세법은 계약서상 건물과 토지의 ① 실지거래가액이 산정된 경우는 그 가액, 그 가액 구분이 불분명한 경우는 ② 감정가액으로, 감정가액이 없는 경우에는 ③ 기준시가로 한다고 규정하고 있다.

- 실지거래가액이 감정가액 또는 기준시가에 의해 안분된 가액과 30% 이상 차이가 나는 경우에는 토지와 건물의 가액구분이 불분명한 것으로 보고 있다.

☞ 매매하는 경우 부가세가 적용되는 사업용 부동산의 종류는 다음과 같다.

- 상가건물은 건물분에 대해서만 부가세 부과된다.

- 상가 겸용주택은 매매 시에 상가 부분만 부가세 부과된다.

- 상가 겸용주택을 임대 시에는 주택부분의 면적이 상가부분의 면적보다 클 경우에는 그 전부를 주택으로 보아 부가세가 부과 되지 않는다. 그 이외 상가부분에 대해서는 부가세가 부과된다.

- 오피스텔은 상가와 동일하다. 단, 오피스텔 수분양자가 일반과세자로 환급받고 주거용으로 임대할 경우에는 환급받은 부가세 추징당한다.

- 오피스텔이 업무용인지 또는 주거용인지 사용여부 판단은 전입신고 여부에 달려 있다.

- 만약, 전입신고 없이 주거용으로 사용할 경우에는 실질과세원칙에 따라 객관적인 용도를 기준으로 주거용 혹은 사업용으로 판단한다.

69 ▶ 상가 취득 시 부가세 납부

– 매도인(분양자)가 일반과세자인 경우 매수인(수분양자)은 건물
  분 부가세로 건물가액의 10% 지급한다.

– 매도인(분양자)이 간이과세자인 경우 세금계산서 발행이 불
  가하여 10% 건물 부가세 수령 불가하다. 단, 매도인 수분
  양자는 건물분 공급가액×업종별 부가가치율×10% 상당
  의 부가세를 신고하여 납부한다.

70 ▶ 상가 보유와 관련한 부가세 문제

상가를 임대할 경우, 월세에 대한 부가세는 임차인이 부담
하고, 보증금에 산출되는 간주임대료에 대한 부가세는 보증금
을 선불로 받은 임대인이 부담한다.

71 ▶ 상가 관련 부가세 기타 문제

– 경매와 공매로 처분하는 경우에는, 사업장 폐업일보다 경
  매 공매일이 먼저일 경우에는 과세에서 제외됨으로 부가

세를 납부할 필요가 없다.

- 반대로 사업장을 폐업한 후 경매, 공매된 경우에는 폐업
시의 잔존재화로 보아서 부가세를 부담한다.

- 상가 처분시에 중개사는 내수인이 계약일로부터 20일 이
내에 사업자등록을 하여 불이익 없도록 확인 설명하여야
한다. 특히 신축상가의 경우 매수인이 사업자등록시기를
놓쳐 매입세액공제를 받지 못하는 일이 없도록 계약금 지
급 후에는 사업자등록을 조기에 할 수 있도록 하는 것이
좋다.

※ 특히, 인테리어 또는 비품구입한 날이 속하는 과세기간1~
6,7~12이 끝난 후 20일 이내에 사업자등록을 신청하여야만 등
록 전 주민번호 발급한 매입세액계산서로 매입세액 공제를 받
을 수 있다.

- 매도인은 매매일로 부터 지체 없이 사업자등록을 폐업하
고 폐업일 속하는 달의 말일부터 25일 이내에 부가세를
신고 납입하도록 고지하도록 한다.

- 매수인은 계약일로 부터 20일 내에 사업자등록 하여 건물
분부가세를 환급받을 수 있도록 한다.

※ 참조교재

– 상가창업과 상가중개 실무^{부연사}

– 상가권리금 사례별 해법^{부연사}

– 공인중개사업의 세금^{부동산세금적세연구소}

– 개업공인 · 소수공인중개사를 위한 연수교육교재 I II

　한국공인중개사협회

– 부동산중개사고 예방가이드^{한국공인중개사협회}

– 2019년도 부동산중개업 실무 길라잡이^{송파구청}

세상 모든 지식과 경험은 책이 될 수 있습니다.
책은 가장 좋은 기록 매체이자 정보의 가치를 높이는 효과적인 도구입니다.

갈라북스는 다양한 생각과 정보가 담긴 여러분의 소중한 원고와 아이디어를 기다립니다.

– 출간 분야: 경제 · 경영/ 인문 · 사회 / 자기계발
– 원고 접수: galabooks@naver.com